KB253815

베드로씨,
당신의 속마음을
보여주세요

내일 요여는지식 종교 10

베드로 씨,

당신의 속마음을 보여주세요

김신형 지음

한국학술정보㈜

베드로의 심리를 분석하다니요? 그것이 가능하기는 합니까? 왜 베드로의 심리를 분석하는가요? 베드로가 누구입니까? 예수의 수제자요 사도 중의 사도입니다. 로마 가톨릭의 초대 교황이기도 한 분입니다. 그는 하늘의 별과 같은 분입니다. 모든 기독교인들에게는 가깝게 다가가거나 흉내조차 내기 어려운 감히 넘볼 수 없는 까마득한 성인입니다.

베드로의 심리를 임상적으로 분석하는 것은 애당초 불가능한 일입니다. 그것은 치료를 전제로 하는 것이니 두말할 필요조차 없을 것입니다. 임상적인 치료를 전제하지 않더라도 그 작업은 역시 불가능합니다. 심리분석을 위하여 그에 관한 많은 분석 자료가 있어야 하나 사정은 전혀 그렇지 못합니다. 베드로를 심리학적인 측면에서 접근하는 것은 불가능하다고 보는 편이 정확합니다. 그런 의미에서 이 책은 베드로의 심리분석을 위한 심리학 저술이 아닙니다.

성서비평은 성서를 해석하는 작업이며 여기에는 여러 가지 방법이 있습니다. 전통적인 역사비평과 양식비평에서부터 문학비평, 설화비평, 수사비평, 독자반응비평 등 다양한 방법이 있습니다. 그만큼 성서를 바라보는 서로 다른 시선이 많다는 의미이기도 합니다. 최근에 두드러진 현상은 다른 학문의 틀을 사용하여 성서를 새로운 관점에서 해석하는 학제 간 비평방식입니다. 성서 심리학은 그와 같은 새로운 시도 중의 하나입니다. 이 책은 신약성서에 기록된 베드로의 환상을 성서 심리학적인 관점에서 해석한 책입니다. 그러니까 심리학이 아니라 성서해석을 다룬 책이라는 것입니다. 융의 분석심리학의 기본구조를 해석의 틀로 사용하여 성서를 해석한 것이라고 하는 것이 정확한 표현이 될 것입니다. 그렇기 때문에 융의 분석심리학에 대해서는 자세하게 설명하지 않았습니다. 이 부분을 더 깊이 알고 싶은 독자들은 그에 관한 책을 별도로 읽어야 할 것입니다.

멀고 아득한 베드로와 같은 성인의 세계가 이 책을 준비하는 동안 아주 가깝고 친근하게 느껴졌습니다. 그렇다고 해서 나도 베드로처럼 훌륭한 성인이 되고 싶다, 아니면 될 수 있다, 그런 의미는 아닙니다. 그분은 여전히 멀고 아득하게 느껴집니다. 그러나 분석심리학의 렌즈를 통하여 들여다 본 베드로의 내면세계는 여느 우리의 모습과 크게 다르지 않았습니다. 그래서 아주 친근하게 느껴졌습니다. 때로는 그의 모습에서 우리 자신의 얼굴을 보았습니다.

융은 인간의 자기실현에 최고의 목표를 두었습니다. 거기에는 질적인 차이나 우월이 존재하지 않는다고 분명하게 말했습니다. 하나님 나라와 구원에도 마찬가지라는 생각이 들어서 방대한 융 전집에 실린 어느 말보다도 이 말이 제일 좋았습니다. 하나님 나라가 무엇인지에 관하여 논의는 분분하지만 하나님 나라에도 질적인 차이나 우월이 존재하지 않는 것은 분명해 보입니다. 베드로와 같이 위대하고 유명한 성인들만이 자기실현의 길을 가는 것은 아니라는 뜻으로 해석합니다. 그러면서 융은 자기실현은 누구에게나 주어진 명제라고 했습니다. 그래서 우리는 희망을 갖게 됩니다. 베드로의 자기실현 과정은 오늘날 우리 모두에게 주어진 과정이며 사람이면 누구나 다 세포의 원형질 속에 담겨진 DNA처럼 희망의 씨앗을 품고 있다는 의미입니다. 그래서 우리에게 희망이기도 합니다.

이 책은 사회문화적 성서해석에 대한 관심과 분석심리학적 시선이 어우러진 결과물입니다. 마치고 보니 저의 부족함으로 어느 쪽도

색깔이 분명하지 않은 것 같아 마음이 무겁습니다. 그러나 지금까지 아무도 하지 않은 작업을 시도했다는 점에서 부족한 힘을 모았습니다.

90 평생을 한결같이 무소유로 이 땅의 가난하고 소외된 주변부 사람들을 위하여 생명과 나눔의 삶을 사셨던 강남대학교 설립자 우원 이호빈 목사님에게 이 책을 바칩니다. 그리고 생명과 나눔의 삶을 사는 이 땅의 모든 이들에게 평화가 있기를 기도합니다.

목 차

제1장

서 론

1. 문제 제기

우리가 보통 초대교회라고 부르는 원시 교회 공동체는 오순절이라고 하는 예수의 부활 이후 50일이 지난 후 시작되었습니다. 예수의 제자들이 예루살렘에 모여 있을 때였습니다. 우리가 오순절 성령 강림이라고 부르는 성령 대폭발이 일어납니다. 한곳에 모인 사람들 모두에게 성령이 내리고 이어서 베드로가 유대 사람과 예루살렘 주민들을 대상으로 예수의 복음을 전하기 시작하였습니다. 바로 이때가 원시 교회 공동체의 시발점이라고 할 수 있습니다.

원시 교회 공동체의 기폭제라고 할 수 있는 이 오순절 설교의 중심에 베드로가 있습니다. 우뚝 서 있다고 하는 표현이 맞을 것입니다. 사도행전은 베드로가 열한 사도와 함께 일어나서 목소리를 높여 그들에게 엄숙하게 말하였다고(행 2:14) 기록하고 있습니다.

열한 사도가 뒤에 배석하고 베드로가 전면에 나서 제자들을 대표
해서 설교를 했습니다. 베드로는 오순절 성령 강림과 설교로 이어
지는 원시 교회 공동체의 태동과 형성에서 핵심 리더였습니다. 예
수의 수제자였던 베드로가 원시 교회 공동체 안에서도 지도자의
역할을 이어 가게 된 것은 너무나 자연스러운 일이었을 것입니다.
베드로는 예수가 그리스도이며 살아 계신 하나님의 아들이라고 고
백을 하였던 사람입니다. 그 보답으로 예수는 베드로를 기반으로
교회를 세우겠다고 약속하셨습니다. 베드로가 원시 교회 공동체에
서 지도적인 위치에 서게 됨은 너무나 당연한 일이라 하겠지요.
이 당시 원시 교회 공동체는 분파 없이 완전한 신앙 공동체를 이
루며 베드로를 수장으로 예수의 재림을 기다리고 있었습니다.

그러나 예수 그리스도의 복음이 진원지인 예루살렘과 유대의 경
계를 넘어 당시 세계를 지배하던 지중해 연안 지역으로 확장되면
서 사정이 조금씩 달라지기 시작하였습니다. 당시는 정치적·군사
적으로는 로마가, 문화적으로는 그리스 문명이 세계를 지배하고 있
었습니다. 원시 교회 공동체가 예루살렘이라는 지역을 넘어 세계를
지배하던 그레코 로마의 영역으로 확장되면서 교회는 지도자와 구
성원에 따라 두 가지 큰 줄기로 양분되었습니다. 즉 베드로와 야
고보를 중심으로 예루살렘에 본거지를 두고 있는 예루살렘 교회와
바울이 중심인 지중해 연안 지역의 디아스포라 교회로 양분된 것
입니다. 디아스포라는 이스라엘 밖에 살고 있는 유대인을 말합니
다. 유대의 재외동포라고 할 수 있겠습니다. 이들 디아스포라는 유
대인이기는 하지만 유대를 떠나 살고 있기 때문에 전통적인 유대
의 율법과 관습보다는 로마와 그리스 문명에 보다 친숙해 있었습

니다. 이방인들 속에 살고 있는 유대인이라고 할 수 있겠지요. 예
루살렘 교회는 유대의 율법과 전통을 고수하려 했습니다. 반면 디
아스포라 유대인들은 이방인들에 대하여 보다 관대한 태도와 유대
의 율법과 전통에 대하여 신축적인 입장과 보다 열린 자세를 갖고
있었습니다. 재미동포들이 상대적으로 국내 거주 한국인들보다는
우리나라 고유의 전통과 가치관에 대하여 진보적인 생각들을 갖고
있는 것과 비슷하다 하겠습니다. 하여튼 예루살렘 교회의 유대인과
디아스포라 유대인 교회에서는 유대의 전통과 율법을 지키는 문제
를 두고 갈등이 시간이 지날수록 점점 더 첨예하게 대립되었습니
다. 예루살렘 교회는 예수의 수제자인 베드로와 예수의 동생인 야
고보가 두 기둥으로 받치고 있어서 정통 유대인 기독교도들이라고
할 수 있겠습니다. 이들은 유대의 전통을 중요시하였고 초기에는
유대의 공회당에서 예배를 드릴 정도로 유대교의 한 분파처럼 활
동했습니다. 이들 원시 교회 공동체가 직면했던 문제 중 하나는
이방인 신도들에게도 할례와 같은 유대 율법을 지키게 하는 것이
었습니다. 유대교의 한 종파로 시작된 예루살렘 중심의 원시 교회
공동체는 그 구성원이 본토 유대인으로서 그리스도의 복음과 함께
여전히 유대의 율법 전통을 고수하고 있었습니다. 그래서 유대인
신도들은 당연히 유대의 율법을 준수하였고 할례를 받았습니다. 이
들 중 일부 강경파들은 사도들의 기둥이 받치고 있던 예루살렘 교
회의 권위를 바탕으로 이방인에게도 할례와 정결법을 지키도록 해
야 한다고 주장했습니다. 그리고 이방인 신도들에게 할례를 받지
않으면 구원을 받을 수 없다고 가르치기도 하였습니다. 그러나 유
대의 전통보다는 헬라 문화에 익숙해 있던 이방 신도들과 디아스

포라 기독교도들은 그와 같은 정통 유대 기독교도들의 생각에 동의하지 않고 반발하였습니다. 이들 반발 세력의 중심에 바울이 있었습니다. 이런 상황에서 원시 교회 공동체는 예루살렘 교회를 중심으로 하는 정통파 유대 기독교도와 안디옥 교회를 중심으로 하는 디아스포라 기독교도들 사이에 유대 율법과 전통을 지키는 문제를 둘러싸고 심각한 갈등이 일어나게 됩니다. 사도행전과 바울 서신을 보면 유대 기독교와 디아스포라 기독교는 특히 이방인 선교와 할례 문제를 놓고 첨예한 대립을 보입니다. 갈라디아서 2장에 보면 사도 바울이 이방인의 문제를 이유로 베드로를 공개적으로 비난합니다. 이렇듯 원시 교회 공동체 안에서 예루살렘 교회와 이방인 교회 사이 이 같은 갈등은 유대교의 한 종파로 시작된 기독교의 원시 교회 공동체가 로마와 헬라 문화의 판도를 따라 '땅끝까지' 뻗어 나가기 위해서는 피할 수 없는 문제였을 것입니다.

이 문제를 바울이 예루살렘 회의(행 15장)에서 공식적으로 거론합니다. 바울의 주장은 할례를 받는 것과 구원은 관계가 없다는 것이었습니다. 예루살렘 교회 일부 강경파들이 이방인들에게도 할례를 주고 모세의 율법을 지키도록 명령하여야 한다고 주장하였습니다. 이에 대하여 회의에 참석한 사도들과 장로들이 많은 토론을 하였고 이후 베드로가 바울의 입장을 지지하는 연설을 하였습니다. 예루살렘 교회의 지도자인 야고보가 이방 선교에 대한 베드로와 바울의 입장을 지지하는 결론을 내립니다. 그러나 그 결론은 조건부였고 일종의 양측의 입장을 배려한 타협안과 같은 것이었습니다. 야고보의 결론은 할례를 강요하지 말고 그 대신 유대의 정결법을 지키도록 권고하자는 안이었습니다. 이는 유대인 신도와 이방 신도들의 입장을 모두 고려한 절충안이자 타협안이었습니다. 그러나 레위기에 근거하여 나그네들을 환대하고 율법을 완화하려던 야고보와 베드로의 타협안은 결과적으로 갈등의 당사자 어느 편으로부터도 효력을 발휘하지 못하였습니다. 바울은 야고보의 권고안을 예수의 메시지를 파괴하는 것으로 여겨 타협안을 받아들이지 않았으며 바울의 적대자들 역시 타협안을 따르지 않았습니다. 이후에도 원시교회 공동체에서 이방인 선교와 율법을 지키는 문제를 둘러싸고 예루살렘 교회와 디아스포라와 이방인 교회의 갈등은 점차 더 심해지면서 예루살렘 회의 이후에도 이 문제는 남게 됩니다.

이방인 선교에 대한 베드로의 입장은 확고하며 일관성이 있는 듯합니다. 예루살렘 회의에서 베드로는 자신을 이방 선교의 개척자라고 자랑하고 있으며 이 일을 위하여 하나님께서 사도들 중 베드로 자신을 택하셨다고 고백하는 것을 보면 더욱 그렇습니다. 그는 이방인이었던 고넬료에게 세례를 주었으며 예루살렘 회의에서 이방인 선교의 문제를 유대의 전통과 분리할 것을 강하게 주장하기도 했습니다. 그러나 갈라디아서 2장의 기록을 보면 안디옥에서 또 다시 이 문제로 바울과 베드로가 충돌합니다. 안디옥에서 바울은 베드로 자신은 이방인처럼 살면서 이방인들에게 유대인처럼 살라고 강요하는 위선자라고 공개적으로 비판합니다. 물론 이 기록은 바울의 일방적인 주장이며, 이와 같은 바울의 공격에 대하여 베드로의 대답이나 반응은 전혀 기록되어 있지 않아 그에 대한 베드로의 입장을 알 수는 없습니다. 그러나 갈라디아서의 기록만으로 보면 베드로는 언행이 일치하지 않는 위선자로 묘사되어 있습니다. 이를 안디옥 사건이라고 부르는데 많은 신학자들은 이 안디옥 사건이 예루살렘 회의 이후에 발생하였다고 믿고 있습니다. 그렇다고 하면 안디옥 사건에서 묘사된 베드로의 모습은 예수를 세 번이나 모른다고 부인하던 모습과 비슷하다는 것을 알 수 있습니다. 베드로는 정말 비겁한 위선자였을까요? 예수가 체포되던 밤, 예수를 세 번씩이나 모른다고 부인하던 베드로, 바울의 비난처럼 정작 자신은 이방인처럼 살면서 다른 사람에게는 유대인처럼 엄격하게 율법을 지키며 살라고 명령하였다는 베드로, 우리는 이 사실만 놓고 보면 베드로는 위선자요 비겁자라고 단죄할 수밖에 없습니다. 우리가 만일 베드로를 그와 같이 위선자이며 비겁자라고 단정해 버린다면 이 책을 쓸 필요가 없었을 것입니다. 우리의 관심은 왜 베드로가 그렇게 밖에 행동할 수 없었을까? 왜 그랬을까 하는 것입니다.

바울이 주장하는 대로 베드로가 이방인 선교와 관련해서 위선자처럼 행동하였다고 한다면 위선자요, 비겁자라고 베드로를 단정하기 이전에 그 사실을 뒤집어 볼 필요가 있습니다. 그것은 이방인 선교와 유대의 율법 문제는 예수의 수제자이며 원시 교회 공동체의 지도자였던 베드로에게도 결코 간단한 문제가 아니었으며 베드로는 많은 내면적 갈등을 겪었던 것으로 볼 수 있지 않을까요? 베드로는 바울의 비난대로 단순한 위선자였을까요? 그렇다고 단정하기에는 왠지 석연치 않습니다. 베드로는 원시 교회 공동체 안에서 절대적 지도자의 위치를 차지하고 있었고 병자를 고치고 심지어는 죽은 사람까지도 살렸습니다. 그런 면에서 베드로는 예수와 버금가는 능력을 나타내었습니다. 그랬던 베드로를 바울이 위선자라고 비난하는 것을 보면, 원시 교회 공동체 안에서 이방인과 유대의 율법 문제는 베드로도 쉽게 극복할 수 없었던 커다란 걸림돌이었을 것입니다. 그렇기 때문에 이방인 고넬료와의 만남에 대하여 베드로 자신이 거리낌을 완전히 극복할 수 없었을 것입니다.

이방인 고넬료와 베드로가 만나기 이전에 베드로는 환상을 꾸게 됩니다. 여기서 환상은 초자연적인 하나님의 계시로 받아들여지고 있습니다. 환상을 통하여 베드로는 이방인 고넬료와 만나게 되고 그를 전도합니다. 여기서 환상은 이방인에 대한 유대인의 전통적인 배척의 과거와 단절하고 이방인도 하나님의 자녀로 받아들이는 새로운 미래의 지평으로 나가게 합니다. 이와 같이 환상이 등장하여 유대의 전통과 율법에 매인 과거를 청산하고 새로운 세상을 열어가는 사건은 복음서와 사도행전의 기록에서 바울의 회심과 베드로와 고넬료의 만남뿐이라는 사실에서도 충분히 짐작할 수 있습니다.

베드로는 예수의 제자들 중에서 제자들을 대표하고 제자들의 대변인 역할을 하였습니다. 또한 예수의 승천 이후 베드로는 오순절 성령 강림의 역사를 주도하고 지상의 예수에 버금가는 권능으로 원시 교회 공동체에서 절대적인 카리스마를 갖고 지도자로 활동하였습니다. 이처럼 절대적인 카리스마를 갖고 원시 교회 공동체를 이끌었던 베드로가 유독 이방 선교에 대한 입장만은 완전히 자유롭지 못했습니다. 물론 베드로는 최초로 이방인 고넬료를 개종시키고, 이방인 선교를 둘러싼 예루살렘 회의에서 이방인 선교를 지지하였습니다. 그리고 예루살렘 사도회의에서 베드로와 야고보가 고넬료의 회심을 이방인을 하나님이 받아들이는 결정적인 증거로 언급하고 있습니다(Divelius, 2004: 141). 누가는 이렇듯 고넬료의 개종을 가장 비중 있는 사건으로 취급하고 있으며 베드로의 환상을 개종을 위한 전령사나 전주곡처럼 소개합니다.

베드로는 환상 중에 음성의 주인공이 '주님(κύριε)'인 줄을 알면서도 일어나서 잡아먹으라는 명령을 거절합니다. 또한 "하나님께서 깨끗하게 하신 것을 속되다고 하지 말라."는 주님의 음성을 듣고도 여전히 자신의 완강한 거부 입장을 끝까지 고수합니다. 그리고 베드로는 환상을 본 직후에도 환상이 도대체 무슨 뜻일까 하면서 속으로 어리둥절하고 있습니다. 베드로는 정말 환상의 의미를 몰랐을까요? 하나님께서 깨끗하게 하신 것이니 속되다고 하지 말고 일어나서 잡아먹으라는 직설적인 주님의 명령까지도 다른 사람도 아닌 베드로가 왜 거부하였을까요? 왜 베드로는 그토록 분명한 상황과 메시지를 거부하였을까요? 거부하는 모습은 베드로가 그동안 보여 왔던 제자 베드로, 사도 베드로의 모습과는 분명 모순되고, 거리가 먼 것으로 그 이유를 쉽게 설명할 수 없습니다. 어떻게 보면 예수의 수제자 베드로, 사도들의 기둥, 예수에 버금가는 권능을 보여주었던 베드로라고 하면 환상이라는 전주곡의 도움이 없더라도 이방인 고넬료의 개종을 능동적으로 주도했어야 당연한 일이 아니었겠습니까? 그는 고넬료의 회심 이전에도 요한과 함께 사마리아 지방에 가서 복음을 전하고 성령을 받게 하였습니다(행 8:14 – 15, 25). 그렇다고 한다면 그가 이방 선교에 대하여 적대적인 태도를 갖고 있었다는 의미는 아닙니다. 그럼에도 불구하고 베드로가 환상 중에 취한 언행은 그가 그때까지 제자 베드로, 사도 베드로로서 취한 태도와는 이율배반적이며 분명 다른 것입니다. 우리는 이 점을 깊이 살펴보아야 할 것입니다.

베드로의 이와 같은 완강한 거부가 환상 중에 일어났다는 사실을 우리는 주목해야 합니다. 환상은 꿈과 같은 것으로 의식적인 정신활동이 아니라 무의식의 정신활동입니다. 베드로는 의식적으로 이방인에 대한 복음 선교를 거부하지 않습니다. 베드로는 이전에도 유대인에게는 이방 취급을 받고 있는 사마리아 지방에 가서 복음을 전한 적이 있습니다. 그러나 환상에서 베드로가 보여준 언행은 이방인에 대한 복음 전파에 강한 거부감을 드러내고 있습니다. 그렇다고 한다면 베드로는 이방 선교에 대하여 각기 서로 다른 내용을 말하며 상반된 태도를 취하고 있음을 알 수 있습니다. 그것은 단순히 베드로의 개인적 취향이나 그의 성격상 이중성의 문제가 아닙니다. 베드로의 의식과 환상으로 표출된 무의식이 서로 다른 언행을 보이고 있을 뿐입니다. 그럼 왜 베드로는 의식과 무의식에 있어서 상반된 언행을 보이고 있을까요? 이 문제는 단순히 베드로의 성격에서 기인된 것이 아닙니다. 그것은 그의 개인적인 경험뿐만 아니라 제자 베드로, 사도 베드로의 경계를 넘어서 그가 살았던 사회문화적 상황의 깊은 뿌리와 연관되어 있습니다. 우리가 다루려고 하는 문제는 무의식의 환상 중에서 베드로는 왜 이방 선교에 대하여 그토록 완고한 입장을 보여주고 있는가 하는 것입니다.

또한 예루살렘 회의(행 15:1 – 33)와 안디옥 사건(갈 2:1 – 14)에 기록된 베드로를 보면 이방 선교의 문제에서 일관된 입장을 보여주고 있지 못하고 있습니다. 이방 선교와 관련하여 예루살렘 회의에서 제기된 문제들이 미해결의 갈등으로 여전히 남아 있었습니다. 배타적인 유대교의 전통과 이를 거부하는 디아스포라와 이방인 교회에서 예수의 복음의 경계를 둘러싼 정체성의 논쟁과 다툼에서 왜 베드로는 수제자로서, 또한 사도들의 기둥으로서 자신의 역할을 아무 거리낌 없이 다하지 못하고 무기력한 모습을 보여주었을까요? 예루살렘 교회와 바울 중심의 디아스포라 기독교도들 사이의 이방 선교에 대한 논란이 증폭되면서 베드로는 원시 교회 공동체 안에서의 절대적인 지도자로서의 위치에 맞는 카리스마적 지도력을 보여주지 못했을까요. 우리는 이런 의문을 지울 수가 없습니다.

베드로는 이후 헤롯에게 체포되었습니다. 투옥 중 천사의 도움으로 감옥에서 나온 이후 "거기에서 떠나 다른 곳으로(행 12:17b)" 갔다고 사도행전은 기록하고 있습니다. 그 이후에는 베드로의 행적이 사도행전 15장에 기록된 예루살렘 회의 참석과 안디옥 사건을 제외하고는 정경의 기록에서 슬그머니 사라집니다. 원시 교회 공동체 안에서 지도자로서 절대적인 카리스마를 보여주었던 베드로가 갑작스레 원시 교회 공동체의 무대에서 사라진 이유를 정확히 알 수 없습니다. 다만 예루살렘 교회 안에서 지도자의 위치가 베드로에서 야고보로 중심축이 이동했다고 볼 수 있겠습니다. 이에 대하여 쿨만(Culmann)이라는 신학자는 예루살렘 교회 공동체의 지도력이 베드로에서 야고보로 이동된 것이 아니라 지도력이 분할 조정된 것으로 해석합니다. 즉 예루살렘 교회를 중심으로 원시 교회 공동체가 점차적으로 확대됨에 따라 이를 이끌어 가는 두 영역, 즉 공동체의 관리와, 지속적인 복음 선교 두 부문으로 지도력이 분할 조정되어야 했으며 이 과정에서 야고보가 전자를 베드로가 후자를 담당하였을 것이라는 주장입니다(Culmann, 1952: 32).

지금까지 신학자들은 사도행전 10:10-16에 기록된 베드로의 환상은 이방 선교라는 거시적 관점에서 이방 선교의 전주곡이나 전령처럼 저자인 누가의 관심과 주제라는 측면에서 해석되어 왔습니다. 그러나 고넬료의 회심의 연구에 새로운 지평을 열었다고 평가받는 디벨리우스라는 신학자는 양식비평적인 분석을 통하여 베드로의 환상을 저자인 누가가 삽입한 것으로 해석하였습니다(Divelius, 2004: 140). 이 외에도 문학비평적, 사회학적, 수사학적 비평가들 모두 베드로의 환상을 원시 교회 공동체 안의 이방인 선교의 촉매제로, 혹은 원시 교회 공동체 안의 논쟁을 침묵하게 하기 위한 목적으로 하나님의 뜻을 상징하는 유효한 도구로 이해하며 한결같이 거시적인 관점에서 해석하고 있습니다.

그러나 이들 중 어느 누구도 베드로의 환상을 베드로의 심리적인 문제로 인식하지 않습니다. 이 책은 바로 이러한 관점에서 쓰였습니다. 분명한 것은 베드로의 환상은 고넬료와의 만남으로 이어지며 이후 이방인 선교의 상징이 되고 있습니다. 그러나 유대의 정결법과 이방인에 대한 철저한 배타적인 전통 속에서 살아온 베드로 개인의 삶에서 보면 그가 비록 예수의 수제자였고 원시 교회 공동체를 이끌어 가던 사도였다 할지라도 이방 선교는 결코 간단하거나 단순한 문제는 아니었음을 보여줍니다. 그렇기 때문에 베드로가 의식의 상태에서 보여준 언행과, 환상이라는 무의식의 상태에서 베드로가 보여주는 언어는 모순되며 일치되지 않고 서로 다릅니다. 지금까지 신학자들의 연구는 바로 이런 사실을 간과하고 있습니다. 베드로의 환상을 베드로 개인의 삶과 경험을 무시하고 복음사적인 거시적 관점에서만 해석하게 되면 베드로의 환상에 담긴 무의식의 의미를 간과할 수밖에 없게 됩니다. 그렇게 되면 위에서 제기한 모순과 불일치 문제에 대한 해답의 실마리를 전혀 찾을 수 없습니다.

이와 같은 의문에 대하여 우리는 고넬료의 개종과 관련한 베드로의 환상에서 그 해답의 실마리를 찾으려 합니다. 왜냐하면 베드로의 환상은 이방인과 이방 선교와 관련하여 베드로 개인의 삶과 경험과 또한 그가 살았던 유대의 사회문화적 공동체의 총체적인 상황을 반영하고 있기 때문입니다.

2. 연구 목적 및 방법

우리의 목적은 사도행전 10장에 기록된 베드로의 환상을 융의 분석심리학적인 관점에서 해석하려는 것입니다. 융의 분석심리학을 한마디로 요약한다면 '대극의 신비한 연합을 통한 개성화'에 있다고 할 수 있습니다. 이 말이 조금 어렵습니다만 지금 단계에서는 서로 상반되는 두 성향이 극적으로 조화를 이루어 인격의 온전함을 이루게 하는 것이라는 정도로 이해하면 되겠습니다(박종수, 2004: 7). 융의 분석심리학은 체험을 바탕으로 하는 심리학설이라는 데 그 특징이 있습니다. 융의 학설은 단순히 머리로 생각하고 꾸며낸 논리적 사고의 결과도 아니고 최고의 진리임을 주장하는 신앙고백도 아니며 실험적 통계적 고찰의 결과도 아닙니다. 그것은 많은 사람들의 마음을 관찰하고 스스로의 마음의 움직임을 진지하게 살펴간 사람의 경험을 토대로 엮은 가설입니다(이부영, 1998: 25).

분석심리학의 목적은 심리치료입니다. 그렇기 때문에 베드로의 환상을 분석심리학적인 관점에서 해석한다고 해서 베드로의 내면의 문제를 심리치료 과정으로 접근하는 것은 시도 자체가 불가능합니다. 베드로를 심리치료의 임상적인 관점에서 접근할 수도 없을 뿐만 아니라, 설사 가상적인 임상적 분석을 하려고 하더라도 우리에게 주어진 자료가 너무 제한적입니다. 따라서 우리의 관심은 분석심리학을 성서해석의 틀로 사용하여 베드로의 환상을 지금까지 해석해 온 복음사적인 관점이 아니라 베드로 개인의 내면 정신세계의 관점에서 해석하여 보려는 것입니다. 다시 말하면 우리는 지금까지의 복음사적인 거시적 접근에서 벗어나 베드로라는 한 인간의 내면의 심층적인 심리세계를 미시적으로 분석하고자 하는 것입니다.

융에 의하면 환상은 환영(幻影, fantasm)으로서 물리적 실체를 갖고 있지 않은 것을 인식하고, 유령을 보는 것처럼 실체가 아니라 마음만으로 일종의 헛것을 보는 것을 의미합니다. 따라서 환상에서 관계적 객체와 외면의 현실성을 발견할 수 없으며 단순히 창조적 정신활동의 산물일 뿐입니다. 융은 환상을 꿈과 마찬가지로 내면의 무의식이 의식의 세계로 분출하는 것으로 봅니다.[1] 또한 융은 이와 같은 환상을 의식과 무의식의 영역의 비중에 따라 능동적 환상(active fantasy)과 수동적 환상(passive fantasy)으로 구분합니다.

능동적 환상은 무의식보다는 의식에 보다 치우친 경향을 나타내는 것으로 무의식의 암시나 가벼운 감정의 편린을 흡수하여 의식의 평행 요소와 연합하여 선명한 시각적 형태로 나타나는 것입니다. 따라서 능동적 환상은 정신의 분리 상태가 아니라 의식의 적극적인 참여가 문제입니다. 그것은 정신활동의 가장 높은 수준인 의식과 무의식이 결합하여 통일된, 즉 개인의 개성이 가장 높이

---

1) Carl Gustav Jung. The Collected Works of C. G. Jung. London: Routledge. Volume 6. 1989. par. 711. 이하 (CW, Vol. #, paragraph #) 식으로 표기.

표현된 것입니다. 능동적 환상은 의식의 산물이며 그렇기 때문에 무의식과 대극의 입장에 있지 않으며 단순히 의식에 대한 보상적인 기능을 수행합니다.

그러나 수동적 환상의 경우에는 직관적인 기대가 선행되거나 수반되지 않으며 환상의 주체가 전적으로 수동적입니다. 여기서 환상은 자신이 통제할 수 있는 의식과는 달리 전적으로 정신활동의 자동현상(automatism)이며 의식과 무의식의 대극적인 위치에서 정신이 분리되는 결과로만 나타나게 됩니다. 따라서 수동적 환상은 의식으로 통제될 수 없으며 무의식이 활성화되는 것입니다. 융은 그러므로 꿈과 수동적 환상을 동일한 것으로 보고 있습니다(CW 6, 715). 그러므로 수동적 환상은 의식과 무의식이 통일된 개성을 결코 표현하지 못하게 됩니다.[2]

베드로의 환상은 여기에서 융이 말한 수동적 환상에 해당된다고 할 수 있습니다. 베드로가 무아지경(trance, ἔκστασις)으로 빠져들면서 환상(ὅραμα)이 시작됩니다(행 10:10). 무아지경인 엑스타시스(ἔκστασις)는 원래 있어야 할 자리에 있지 못하고 분리된 상태를 의미합니다. 즉 베드로의 의식과 무의식이 분리된 상태에서 환상이 시작된다는 뜻입니다. 또한 베드로는 자기가 본 환상이 대체 무슨 뜻일까 하면서 속으로 어리둥절해합니다(행 10:17). 이는 환상의 내용이 베드로의 의식이 아니라 무의식으로부터 표출된 것임을 의

---

2) 융은 이와 같은 수동적 환상의 사례로서 사도행전 9:3 이하에 기록된 사울의 회개를 든다. 융에 의하면 바울은 무의식으로는 이미 기독교인이었으나 다만 이러한 사실을 의식적인 통찰이 받아들이지 않았을 뿐이다. 수동적 환상은 항상 의식과는 대조적인 무의식에 기원을 두고 있다. 환상과 관련하여 무의식의 정신 에너지가 의식의 에너지와 양적으로 동일하기 때문에 무의식이 의식의 저항을 뚫고 환상으로 표출되는 것이라고 융은 설명한다(CW 6, 712).

미하는 것이지요. 융도 베드로의 환상을 바울의 환상과 마찬가지로 수동적 환상으로 이해하고 있습니다(CW 6, 719).

융은 환상을 꿈과 마찬가지로 무의식의 표출로 이해하기 때문에 환상을 분석할 때에도 꿈 분석의 기법을 사용할 수 있다고 주장합니다. 이는 당연한 논리이지요. 그에 의하면 꿈은 수동적 환상일 뿐입니다(CW 6, 715). 그리고 융은 이러한 환상(fantasy)의 개념에 백일몽(day-dreaming)과 환상(vision)과 신적 영감(inspirations)을 포함하고 있습니다(CW 17, 193). 따라서 환상을 분석하기 위하여서 꿈 분석의 경우와 마찬가지로 겉으로 드러난 이미지가 주는 환상의 의미와 무의식에 잠복되어 보이지 않는 환상의 의미를 구별하여야 합니다. 융은 이를 현재적(顯在的) 의미(manifest meaning)와 잠재적(潛在的) 의미(latent meaning)로 구분합니다(CW 6, 715). 전자는 환상에 나타나 보이는 실제 이미지입니다. 그러나 이것은 현재적(顯在的)이라는 말이 암시하는 것과는 달리 그 의미가 분명하지 않습니다. 융은 환상이 꿈보다 오히려 훨씬 더 한 단계 발전된 형태라고 봅니다. 왜냐하면 환상은 의식이 수면상태에서 이루어지는 꿈보다는 의식이 활동하는 상태에서 이루어지는 환상(waking fantasy)의 경우 의식의 두꺼운 벽을 뚫고 들어가야 하기 때문입니다. 환상 역시 꿈과 마찬가지로 무의식의 정신활동입니다. 그렇기 때문에 객체의 비현실성(objective unreality)을 특징으로 하는 환상을 분석하기 위하여 현재적 의미만으로 이해할 수 없고 철저하고 심도 있는 잠재적 의미를 분석하여야 하는 것입니다.

융은 수동적 환상의 잠재적 의미를 이해하기 위하여 인과론적(causal) 관점과 목적론적(purposive) 관점을 제시하고 있습니다. 전자는 프로이트(Freud)가 채택한 방법으로 환상에 나타난 현재적(顯在的) 이미지를 환상가의 과거의 경험에서 원인을 찾아 환상으로 분출시킨 본능적인 힘을 추적해 가는 환원주의 방법입니다. 이 방법의 특징은 정신치료에서 그 효과가 즉시 나타나는 것이며 이를 융의 입장에서 보면 인간의 정신체계에 보다 깊은 이해를 필요로 하지 않습니다. 이와 같은 인과론적인 관점에서 융은 베드로의 환상을 다음과 같이 설명합니다.

> 그러나 우리가 베드로의 환상을 다음과 같은 사실로 환원한다면, 즉 베드로가 몹시 배가 고팠기 때문에 무의식으로부터 부정한 짐승을 먹으라는 초대를 받았다거나 혹은 부정한 짐승을 먹는 것이 단순히 금지된 소망충족을 의미하는 것이라고 설명한다면 그것은 우리를 빈손으로 돌려보내는 것처럼 아무것도 얻을 수 없을 것이다(CW 6, 717).

인과론적으로 개인의 심리만을 분석하면 환상의 잠재적 의미를 제대로 분석할 수 없다는 것이 융의 주장입니다. 개인의 심리상태를 분석하기 위하여 그 개인에게 미친 역사적·환경적 상황의 영향에 대한 분명한 인식이 필요합니다. 다시 말하면 개인의 심리는 단순히 생리적, 생물학적 혹은 도덕적 문제가 아니라 그가 속한 시대와 관련이 있다는 것입니다. 따라서 개인 심리를 과거와 연결된 인과론적인 관점에서만 볼 수는 없으며 목적론적인 관점을 고려해야 합니다. 융은 이에 대하여 다음과 같이 설명합니다.

그러므로 우리는 환상의 숨은 의미의 개념을 매우 사려 깊게 우선 인과론적인
면에서 확대하여야 한다. 어느 개인의 심리를 그 자신만의 관점으로부터 설명
하는 것은 절대적으로 완전할 수가 없다. 개인의 심리는 또한 역사적이며 환
경적인 상황에 의해 또한 영향을 받는다는 사실을 분명하게 인식해야 한다.
그것은 단순히 생리적, 생물적 혹은 도덕적인 문제가 아니다. 그것은 동시대의
문제이기도 하다. 다시 말하면 인과론적인 측면만으로는 어떤 심리학적인 사실
을 완전하게 설명할 수 없다. 개인의 심리는 살아 있는 현상으로서 생명 과정
의 연속성과 불가피하게 엮여 있어서 그것은 과거에 진화해 버린 것일 뿐만
아니라 또한 계속적으로 진화하고 창조적인 것이기도 하다.

그래서 정신적인 모든 것은 야누스의 얼굴을 갖고 있다. 그것은 후향(後向)과
전향(前向) 양 방향을 바라본다. 그것은 진화하기 때문에 또한 미래를 준비한
다. 이렇지 않다면 의도, 목적, 계획, 계산, 예언이나 예감 등은 심리학적으로
불가능하였을 것이다. 만일 어느 사람이 한 의견을 피력할 때 우리가 단순히
그것을 다른 사람에 의해 이전에 표현되었던 견해와 단순하게 연관시킨다면
그러한 설명은 아무 소용이 없게 된다. 왜냐하면 우리는 무슨 일로 그가 그렇
게 말하도록 만들었는지 알고 싶을 뿐만 아니라 그가 무슨 의도로 말을 했으
며 그의 목적과 의도는 무엇인지 그리고 그가 그렇게 말함으로써 얻고자 하는
것이 무엇인지를 알고 싶기 때문이다. 우리는 그것을 알 때에 만족한다. 일상
생활에서 우리는 본능적으로 생각도 하지 않고 최종 입장을 대입하여 설명한
다. 정말로 우리는 최종 입장을 결정적인 것으로 받아들여서 엄격하게 원인론
적인 요소를 완전히 무시하고 모든 정신계에서 창조적인 요소를 본능적으로
알아차린다. 우리가 매일 생활에서 이렇게 한다면 과학의 심리학은 이 사실을
고려하여야 할 것이며 원래부터 자연과학으로부터 취해 온 엄격한 인과론적
관점에만 전적으로 의지해서는 안 될 것이다. 왜냐하면 과학의 심리학은 정신
계의 목적론적 특성을 또한 고려하여야 하기 때문이다(CW 6, 717－718).

융은 정신과 관련된 모든 것은 야누스의 얼굴을 갖고 있다고 주장
합니다. 그에 의하면 인간의 정신은 후향(backwards)과 전향(forwards)
의 양 방향을 지향합니다. 그렇기 때문에 환상의 잠재적 의미, 즉
무의식의 메시지를 이해하기 위하여 인과론적 관점에만 의존해서
는 안 되며 목적론적인 관점에도 관심을 기울여야 한다고 융은 주
장합니다. 그렇기 때문에 개인의 심리는 개인 자신의 생리적·생

물학적·도덕적 문제의 좁은 영역을 벗어나 그가 살고 있는 시대의 역사적·환경적 상황에 의해 영향을 받는 것입니다.

융은 바울의 회개 환상과(행 9:3 이하) 베드로의 환상을 목적론적인 관점에서 해석하고 있습니다. 바울의 환상을 미래의 선교의 각도에서 본다면 바울은 의식의 세계에서는 기독교의 박해자이지만 무의식으로는 이미 기독교를 수용하였다는 것입니다. 겉으로 드러난 마음과 알 수 없는 속마음이 다르다는 것이며 바울 자신도 그런 사실을 인식할 수 없다는 뜻입니다. 그래서 바울은 그러한 무의식이 의식의 세계로 분출되어 마침내 기독교를 인정하였다는 것입니다. 바울의 무의식의 개성이 그와 같은 목표를 위해 끊임없이 노력했다는 것입니다. 마찬가지로 융은 사도행전 10:28에서 베드로가 자신의 환상을 목적론적으로 해석하는 것이 단순히 환상을 생리적 혹은 개인적으로 추측하는 것보다는 훨씬 더 좋은 것이라고 주장하고 있습니다(CW 6, 719).

융에 의하면 바울과 베드로의 환상의 잠재적 의미를 이해하기 위하여 후향적(後向的) 사건에서 얻어진 인과론적인 관점과 환상이 지향하는 전향적(前向的)인 목적론적인 관점 이 두 가지 방법으로 이해하여야 합니다. 인과론적인 관점에서 보면 환상은 생리적, 개인 심리상태의 증상이며 이전에 발생한 사건의 결과물입니다. 그러나 목적론적으로 해석하면 환상은 상징입니다. 그것은 가까운 자료들의 도움을 받아 하나의 명백한 목표를 특징짓거나 아니면 미래의 심리적 전개 라인을 펼쳐 보이는 상징입니다(CW 6, 720). 그러기 때문에 우리는 여기서 베드로의 환상을 해석하기 위해서는 인과론적 관점과 목적론적 관점 이 두 가지 입장을 갖고 살펴볼 것입니다. 그것은 베드로의 삶의 과거와 현재와 미래를 아우르는 작업이며 후향과 전향의 시각을 통하여 야누스 같은 베드로의 정신계를 관찰하는 노력일 것입니다. 따라서 우리는 여기서 베드로 개인의 삶에서 환상과 직간접으로 관련된 개인적인 심리현상과 함께 역사적 사회문화적 상황을 같이 살펴볼 것입니다.

사도행전 10:3 - 16에 기록된 베드로의 환상은 무의식의 산물인 수동적 환상이며 이것이 의식의 영역으로 표출된 것입니다. 무의식의 활동이라는 측면에서 보면 환상과 꿈은 동일한 것입니다. 따라서 우리는 베드로의 환상의 의미를 해석하기 위하여 융의 꿈 분석의 방법을 사용할 것입니다(CW 8, 506). 베드로의 심리적 내면의 세계를 들여다볼 수 있는 기록은 성서에서 지극히 제한적입니다. 그렇지만 베드로의 환상은 그의 내면의 심층 세계, 즉 그의 무의식의 세계를 들여다보는 데 우리에게 커다란 실마리를 제공하고 있습니다. 우리는 베드로의 환상을 분석하기 위해서 홀(Hall)이 제시한 대로 융이 분석심리학에서 꿈의 의미를 분석하는 접근 방법으로 제시한 다음과 같은 3단계를 사용할 것입니다. 1단계는 전 단계의 꿈과 관련되어 개인적, 사회문화적 상황에서 연상3)과 확충4)의 작업을 진행된 순서로 수집할 것입니다. 2단계는 환상의 내

---

3) 연상은 확충과 더불어 꿈의 의미를 분석할 때 주로 사용하는 방법론이다. 연상(association)을 통해 얻어진 이미지들은 주로 개인적인 상황황과 관련된 것들이거나 피분석가가 속한 사회문화적 집단의식과 관련이 깊다. 연상은 개인적이거나 심리적인 주제에 따라 어떤 관념, 인식, 이미지 혹은 환상을 연관 짓는 작업이다(박종수, 305).

4) 심리분석 과정에서 개인적 상황에 주목했던 연상이 확충에 의해 드러난 보편적 주제에 적용됨으로써 그 의미가 보다 넓어지게 된다. 보편적 이미지와 연관된 확충은 꿈의 상징적 의미를 보다 보편적인 관점에서 찾아내기 위해 신화적, 문화적, 역사적으로 유사한 평행구들을 찾아내는 작업과 관련된다. 융이 꿈 해석을 위해 주로 사용했던 확충(amplication)은 성서 이야기의 원형적 이미지들을 분석하는 데 결정적인 역할을 한다(박종수, 309).

용을 세부적으로 분석하는 작업입니다. 그리고 3단계는 환상을 그 사람의 삶의 상황과 개성화 과정의 맥락에 놓는 작업입니다(Hall, 1983: 34). 또한 홀은 1단계의 확충의 범위에 연상 과정을 포함시켜 다음 세 단계를 제시하고 있습니다.

(1) 우선 개인적인 연상을 통해 자신의 삶과 관련된 이미지들에 대해서 생각하고 느낀다. 이러한 연상을 통해 콤플렉스의 첫 번째 층이 드러나게 된다.

(2) 다음으로 문화적, 공동체적 성격으로 개인의 한계를 초월하는(transpersonal) 이미지들을 포함하고 있는 콤플렉스의 중간층을 밝혀낸다.

(3) 마지막으로 확충의 원형적 차원은 꿈의 이미지들을 동화, 민담, 신화, 종교적 전통 등에 나타나는 이미지들과 비교함으로써 보편적이며 상징적인 의미를 밝혀낸다. 이러한 작업을 통해 콤플렉스의 마지막 층이 벗겨진다(Hall, 1983: 36).

Hull이 제시한 작업을 실행하기 위해서는 예수의 수제자로서 또한 예수의 부활 승천 이후 원시 교회 공동체의 지도자인 사도로서의 베드로의 삶을 위 세 단계의 구조로 살펴보아야 할 것입니다. 베드로의 환상은 바로 이러한 작업을 위한 출발점이며 또한 중심 과제입니다. 이 작업은 개성화 과정으로 이어지는 그의 삶의 여정(旅程)을 추적하는 것이며, 이 과정에서 우리는 베드로 내면의 심층적인 삶에서 낯설지 않은 바로 우리 자신의 모습을 발견할 수 있을 것입니다.

융은 무의식은 의식과 마찬가지로 때로는 목적론적 방향으로 인도할 수 있다고 주장합니다. 따라서 꿈은 긍정적으로 인도하는 목표관념을 갖게 될 것이고 그 중요성은 일시적으로 의식의 내용을 군집(群集)하게 하는 의식의 내용보다 훨씬 더 우월하다는 것입니다(CW 8, 491). 융의 주장에 따르면 꿈에 나타난 상징의 내용은 갈등 해결의 기본 골격과 같은 것입니다(CW 8, 493). 융은 꿈의 예시적 기능을 이처럼 설명하면서 꿈의 예시적 기능은 의식이 예견하는(foresee) 것보다 훨씬 우월할 수 있으며, 이는 꿈이 의식이 놓쳐 버린 모든 지각, 생각과 감정들의 결합이면서 의식에 더 이상 효과적으로 영향을 미칠 수 없는 기억의 흔적을 지원하고 있기 때문이라고 설명합니다(CW 8, 493).

사도행전의 전체 맥락에서 살펴보면 베드로의 환상은 베드로 자신과 원시 교회 공동체 안에서 이방 선교에 대하여 일대 전환점의 역할을 하고 있습니다. 베드로는 환상을 본 이후에 이방인 고넬료를 개종시키고 뒤이어 예루살렘 회의에서 이방 선교의 타당성을 자신의 경험에 근거하여 역설합니다. 베드로의 환상은 이런 측면에서 본다면 융이 주장한 바와 같이 꿈에 나타난 상징의 내용이 갈등 해결의 기본 골격과 같은 것이라고 볼 수 있습니다. 우리는 베드로의 환상이 목적론적으로 이방 선교에 베드로 자신과 원시 교회 공동체에 미친 의미를 살펴볼 것입니다. 꿈은 상황을 교정한다고 융은 주장하고 있는데(CW 8, 482) 이를 베드로의 경우에 대입하면 베드로는 환상을 통하여 이방 선교에 대한 갈등을 교정한다고 말할 수 있을 것입니다.

베드로의 환상을 해석하기 위하여 베드로의 철학과 종교적·도덕적 신념에 우리는 주목해야 함을 융은 다음과 같이 주장하고 있습니다.

꿈은 무의식 정신의 의식으로부터 떨어진 자연발생적인 산물이며 따라서 어떤 의식적 목적에 의해 왜곡되지 않은 순수한 자연의 산물이라는 장점을 갖고 있습니다. 우리가 꿈을 꾼 사람에게 물어보면 꿈속에 나타난 주제를 그가 알고 있는지 여부를 알 수 있습니다. 그러나 꿈꾼 사람이 모르고 있는 것들, 그런데도 그의 꿈속에서 우리가 역사적인 문헌에서 알고 있는 원형(原型)의 기능처럼 그렇게 기능하고 있는 주제들을 찾아야 할 것입니다(CW 9 Part I, 100).

우리는 꿈에 나타난 상징을 고정된 성격의 징표나 증상으로 해석하는 경향이 아주 강합니다. 소위 말하는 꿈풀이가 그런 것들입니다. 돼지꿈을 꾸면 복이 들어온다는 것이나 태몽 혹은 길몽과 같이 꿈을 고정된 성격의 징표나 증상으로 우리는 해석하지만 그러나 융은 우리가 꿈을 그렇게 해석해서는 안 된다고 주장합니다. 일반적으로 우리가 꿈의 상징을 도식적으로 해석하는 것에 대한 오류를 지적하는 것입니다. 이러한 해석은 꿈을 의식의 정신활동의 연장으로 이해하는 데서 오는 오해입니다. 오히려 꿈을 의식적인 목적에 의해 왜곡되지 않은 순수한 자연의 산물로서 꿈꾼 사람 자신도 모르고 있는 것들 그러면서도 우리가 역사적인 문헌에서 알고 있는 원형으로 작동하는 주제들을 살펴보아야 한다는 것입니다. 그렇다면 베드로의 환상을 분석하기 위하여 환상을 경험하기 이전 베드로의 삶을 전방위적(全方位的)으로 살펴보아야 할 것이며 이것이 바로 융이 말한 인과론적 기준을 베드로의 환상에 적용하는 작업이 될 것입니다. 이를 위해서 우리는 갈릴리 출신인 베드로가 예수의 수제자 베드로, 예수의 부활 이후 사도 베드로로서 그가 보여준 종교적·도덕적 신념을 분석하고 그것이 그의 환상에 나타난 상징과 어떤 관계를 맺고 있는지 살펴보아야 할 것입니다. 즉 베드로의 환상의 의미를 알기 위하여 베드로의 과거로 되돌아가 꿈에 나타난 특정한 모티프로부터 과거의 경험을 재구성하는 것입니다. 베드로의 내면의 무의식 상태로 머물러 있었으나 어느 경우에도 그가 드러내 보이고 싶지 않은, 정확히 표현하면 그 자신도 알 수 없어서 의식하지 못했던, 그러나 목적론적으로 그의 의식이 결여하고 있는 무의식의 창조적인 보상작용을 우리가 발견해 나가는 작업이 될 것입니다. 이와 같은 인과론적 해석의 작업을 바탕으로 우리는 베드로의 환상의 의미를 목적론적으로 접근하려고 합니다. 이것은 융이 위에서 말한 우리가 역사적 문헌에서 알고 있는 원형처럼 기능하고 있는 주제들을 밝히는 작업인 것입니다.

제1장은 서론에 해당되는 내용으로 베드로의 환상과 관련된 문제를 제기하고 방법론을 다룰 것입니다.

제2장은 일반적인 꿈과 환상을 종교문화적, 심리학적, 성서적 관점에서 어떻게 이해하고 있는지를 살펴볼 것입니다.

제3장은 사도행전 9장에 기록된 베드로의 환상에 대하여 지금까지 이루어진 연구사를 양식비평, 문학비평, 사회-수사학적 비평 등 여러 가지 성서비평의 관점에서 설명할 것입니다.

제4장은 예수 공동체 안에서 제자 베드로, 원시 교회 공동체 안에서 사도 베드로의 삶을 살펴보고 정경의 기록을 중심으로 베드로의 삶을 주로 그의 의식의 영역에서 설명할 것입니다. 그리고 이방 선교에 대한 베드로의 입장이 무엇인지 살펴봅니다. 위에서 홀이 언급한 확충의 1단계 작업에 해당됩니다.

제5장은 베드로가 속했던 이스라엘의 사회문화적 공동체 안에서 베드로의 삶을 비추어 볼 것입니다. 베드로에게 자신의 고향인 갈릴리는 어떤 의미를 갖고 있었는지를 사회문화적인 역사적인 상황에서 살펴보고 베드로의 내면적 심리와의 관련성을 설명할 것입니다. 그리고 유대사회의 역사적, 환경적 현상을 갈릴리와 예루살렘, 유대인과 이방인이라는 대극의 관계, 즉 홀이 언급한 2단계의 작업을 할 것입니다.

제6장은 사도행전에 기록된 베드로의 환상의 텍스트를 분석심리학적인 관점에서 주석할 것입니다.

제7장은 베드로가 예수를 세 번이나 모른다고 부인한 사실을 살펴볼 것입니다. 또한 부활한 예수가 디베랴 바닷가에서 베드로에게 "내 양을 먹이라."는 목양의 당부를 하는 장면에서 베드로가 자신의 그림자와 대면하고 이후 예루살렘과의 만남을 통해 그림자를 극복하는 과정을 분석할 것입니다. 바로 홀이 언급한 3단계의 작업입니다. 그리고 환상에 나타난 정결법이 집단의식의 터부를 극복해 나가는 과정으로 이어져 베드로의 개성화 과정을 살펴볼 것입니다.

제8장은 결론 및 종합적 논의로서 앞마당에서 살펴본 베드로의 환상의 분석심리학적 해석을 통합하여 베드로의 전체 삶을 관통하는 개성화의 의미를 평가할 것입니다.

융은 1931년 4월 독일 드레스덴에서 행한 꿈 분석의 실제라는 제목의 강연에서 꿈 분석의 특수한 문제는 무의식의 가설에 의존한다고 분명히 밝히고 있습니다(CW 16, 294). 여기서 중요한 키워드는 가설이라는 것입니다. 무의식에 대한 모든 해석은 하나의 가설이며 알 수 없는 텍스트를 읽는 시도일 뿐이라는 것입니다. 꿈 분석 작업은 과학적 연구와 임상으로 뒷받침되고 있으며 융은 끊임없이 그의 분석심리학이 과학의 영역임을 강조하며 임상의 중요성을 역설합니다. 그러면서도 동시에 꿈 분석은 무의식을 다루는 문제여서 무의식의 존재에 대한 논란으로 여전히 가설 수준에 머물러 있다고 설명합니다. 꿈 분석 작업이 과학과 실제 환자들의 수많은 임상 사례에 바탕을 두고 있지만 본질적으로 무의식을 다루는 문제이기 때문에 여전히 가설 수준에 머물러 있다는 것입니다. 객관적인 진리로 모든 꿈 분석에 적용이 가능한 법칙이 확립되어 있지 않기 때문에 실증할 수 없는 한계를 인정한 것이라고 봅니다. 베드로의 환상을 분석할 때 근본적으로 우리가 직면하는 문제가 바로 이 점입니다. 베드로의 환상 분석 작업이 심리학에서 말하는 무의식이라는 가설에 의존하고 있다는 한계를 벗어날 수 없습니다. 따라서 우리가 베드로의 환상을 분석심리학적으로 분석하는 작업을 시도하지만 그 작업은 가설을 다루는 것일 뿐 객관적이고 실증적인 결론을 얻는 것과는 전혀 관계가 없을 것입니다. 이것은 한계라기보다는 전제라고 봅니다. 이 책은 바로 이러한 전제 아래서 서술되었습니다. 즉 의식과 무의식의 영역으로 구별하는 심층심리학에 기초하고 있는 것임을 명확히 밝히고자 합니다. 우리는 우리에게 주어진 극히 제한된 자료를 바탕으로 베드로의 환상을 해석하는 작업을 전개할 것입니다. 그러나 무의식을 다루는 작업이 가설이라고 해서 이것이 이 분야 연구의 중요성을 폄하하는 것은 전혀 아니라고 믿고 있습니다. 그것은 한계가 아니라 전제이며, 꿈 분석의 본질에 관한 것이며, 분석의 방법과 질의 차이에서 기인되는 것은 아니기 때문입니다.

베드로의 환상을 분석하는 데 있어서 또 다른 장애는 지극히 제한된 자료입니다. 융은 하나의 불투명한 꿈을 명확하게 해석할 수 있는 경우는 드물다고 말합니다. 그렇기 때문에 융은 한 개의 꿈을 개별적으로 해석하는 작업에는 중요성을 부여하지 않았습니다. 일련의 연결된 확실한 시리즈의 꿈을 분석해야 비교적 명확한 꿈 분석이 가능하다고 주장하였습니다(CW 16, 322). 그러므로 융의 분석심리학에 기초한 꿈 분석은 임상과정이며 따라서 분석대상에 관한 많은 임상적인 자료를 필요로 합니다.

우리는 이러한 점에서 극히 제한된 자료의 부족과 그로 인한 한계를 인정하지 않을 수 없습니다. 베드로의 환상을 해석하기 위해서 우리에게 주어진 자료, 즉 베드로의 시리즈의 꿈이나 환상이 지극히 제한적이고 일련의 연결고리로 엮기에는 턱없이 부족하다는 사실을 받아드릴 수밖에 없습니다. 연결된 고리는 차치하고서라도 한 개의 환상을 해석하는 데에도 턱없이 부족할 지경입니다. 우리에게 주어진 자료는 성경에 기록된 제자 베드로, 사도 베드로의 행적과 단 한 번 등장하는 환상이 전부입니다. 융은 인간의 무의식을 탐구할 수 있는 방법으로 단어 연상 테스트, 꿈 분석, 그리고 적극적 상상 이 3가지를 제시하고 있습니다(CW 18, 97). 그러나 우리는 베드로와 함께 단어 연상 테스트를 시행할 수 없습니다.

또한 베드로와 직접적인 대화를 통하여 가능한 적극적 상상(active imagination)의 작업을 할 수 없습니다. 그리고 우리에게 주어진 환상은 단 하나에 불과합니다. 따라서 베드로의 환상을 중심으로 베드로를 정신 병리학적인 관점에서 베드로를 임상적으로 진단하는 일은 원초적으로 불가능합니다. 그리고 그러한 작업은 우리의 관심사도 아니고 목적도 아닙니다.

융은 꿈의 의미를 확인하기 위해서 인식에 의거하여 하나의 과정을 만들었습니다. 융은 이것을 맥락의 취합(taking up the context)이라고 부릅니다. 이 방법은 꿈에 나타난 모든 주목되는 세부적인 하나하나를 꿈꾼 사람의 연상을 통해 그것이 그에게 어떠한 함의(含意)로 나타났는지를 확인하는 것입니다. 그러므로 어려운 텍스트를 해독하는 일과 같은 것이라고 주장합니다(CW 8, 543). 우리는 베드로의 연상 작업을 그와 직접적인 대화의 방법으로 할 수 없습니다. 그렇기 때문에 하나의 대안으로 정경에 기록된 제자 베드로, 사도 베드로의 삶, 그리고 그가 속했던 유대와 원시 교회 공동체, 그리고 그리스, 로마라고 하는 사회문화적 상황에서 베드로를 분석함으로써 환상에 나타난 베드로의 무의식에 제한적이나마 조심스레 접근하는 작업을 할 수 있을 것입니다. 그러한 작업은 우리에게 주어진 베드로의 꿈과 환상에 대한 자료가 한 인간의 심리분석을 위해서는 지극히 제한되어 있고 불충분한 한계를 처음부터 갖고 있음에도 불구하고 시도할 만한 충분한 가치가 있다고 믿습니다.

제2장
꿈과 환상에 대한 이해

1. 종교문화적 관점

인간은 누구나 꿈을 꿉니다. 그리고 꿈의 의미를 해석하려고 애를 씁니다. 인간은 꿈이 무엇인지 과학적으로 아직도 완전하게 모르고 있고 어느 누구도 꿈을 완벽하게 해석할 수는 없습니다. 꿈의 언어는 난해하고도 복잡한 상징적 이미지이며 그만큼 복잡하고 특수한 전달체계를 갖고 있습니다(박종수 2004: 181).

그러면 꿈이란 무엇일까요? 꿈은 인간의 수면 중에 나타나는 이야기라고 할 수 있습니다. 꿈은 상상의 세계이면서도 동시에 꿈꾸는 사람의 실제 경험과 관련됩니다. 꿈에는 즐거운 꿈, 악몽과 같은 무서운 꿈이 있습니다. 그리고 누구나 꿈을 꿉니다. 그러나 꿈을 기억하지 못하는 경우도 있고 꿈의 일부분만을 기억하기도 합니다. 우리 주변에서 자기는 절대 꿈을 꾸지 않는다고 말하는 사람이 있습니다. 그러나 꿈을 꾸지 않는 것이 아니라 꿈을 기억하지 못한다고 말하는 것이 보다 더 정확할 것입니다. 꿈을 꾸게 되면 사람들은 이야기를 만들어 냅니다. 꿈꾸는 사람이 그 이야기에 참여하기도 하고 단순히 관망하기도 합니다. 꿈에는 논리가 거의 없으며 꿈꾸는 사람이 꿈속에서 일어나는 행동을 통제하지도 못합니다. 꿈의 내용은 이상하거나 혼란스럽기도 하고 실생활에서 전혀 일어나지 않는 일이 발생하기도 합니다. 그리고 한 번도 가 본 적이 없는 곳이 나타나기도 하며 평생 경험해 보지 못한 일이 벌어지기도 합니다.

꿈은 무엇을 의미하는가? 여기에는 실로 다양한 견해의 차이가 있습니다. 원시인에게 꿈은 현실의 연장이며, 고대인에게 꿈은 신의 사자(使者)이며 예언의 수단이었습니다. 이와 같은 경향은 21세기를 살고 있는 한국의 현대인에게도 상당히 많이 남아 있습니다. 그 가운데서 고대 그리스에서 성행하던 아스클레피우스(Asclepius) 사원에서의 수면은 꿈의 치료적인 역할을 보여준 좋은 예로서 현대의 정신치료와 비슷한 기능을 볼 수 있기도 합니다. 또한 시베리아와 중앙아시아의 샤머니즘에서 꿈은 환자의 잃어버린 영혼을 찾아내는 구실을 하고, 우테(Ute) 인디언 부족은 병 치료에 꿈의 해석을 했습니다. 동양인에게도 꿈의 신비력과 초월적인 기능이 무척 오랜 고대부터 현재까지 인정되고 있어, 그것이 길흉화복의 점복(占卜)의 수단으로 이용되어 왔고 그런 의미의 해몽사전은 동서를 막론하고 많이 발견되고 있습니다(이부영, 1998: 184 - 185). 오랜 세월 동안 인간은 꿈을 징조(徵兆)와 인간의 정신체계에 대한 통찰로 바라보았습니다. 꿈은 상징적인 메시지로 가득하고 그 의미는 표면적으로 우리에게 분명하지 않습니다. 그래서 인간은 꿈이 우리의 삶과 어떤 관련을 맺는지 알기 위해 꿈의 의미를 해석하려고 노력합니다.

꿈을 해석하는 역사에서 최초로 나타난 것은, 꿈을 심리적인 현상이라 생각하지 않고 육체로부터 분리된 혼이 진정으로 경험하는 것이라든가, 또는 영혼과 정령(精靈)의 목소리로 간주하여 꿈의 의미를 이해하려고 하였습니다(Fromm, 1976: 111).

종교적인 관점에서 보면 꿈은 일차적으로 신의 뜻을 알려주는 메시지입니다. 그리고 그 메시지의 주요한 내용은 미래에 일어날 일을 미리 알려주는 예언입니다. 인간은 미지(未知)에 대한 깊은 두려움을 갖고 있습니다. 기이한 두려움, 이해할 수 없는 두려움은 원시인의 가장 두드러진 특징이었습니다. 융은 미지에 대한 두려움 자체가 병리적이라고 말합니다(CW 17, 142). 미래에 일어날 일을 모른다는 것은 모든 사람에게는 두려움입니다. 그것은 곧 불안입니다. 꿈은 인간에게 미지의 세계를 보여주는 예언이고 인간은 꿈을 해석함으로 미지의 불안을 해소하려고 합니다. 이러한 현상은 시공을 초월한 동서고금 인류의 보편적인 현상이라고 할 수 있습니다.

우리나라 민담과 모든 형태의 문화적 형식에서도 이와 같은 꿈은 수없이 등장합니다. 왕후장상에서부터 일반 서민까지 출생은 태몽과 연결됩니다. 태몽은 태아의 성별과 장래의 운명 등에 대한 미지의 내용을 예언해 주는 중요한 기능입니다.

이집트와 그리스에서 꿈은 초자연적인 신의 개입 수단으로 간주되었으며 꿈에 나타난 상징적 의미를 알 수 있도록 해석하는 일이 국가적으로도 중요한 일이었습니다. 꿈에서 미래의 계시를 찾아내고 전조(前兆)를 구했습니다.[5] 여기서 꿈은 신성한 힘에 의해서 인간들에게 전달되는 신의 메시지라고 생각되었습니다.

꿈이 신인교통(神人交通)의 수단이라는 내용을 기록한 최초의 문서는 수메르의 라가쉬의 왕 에아나툼(Eannatum, 주전 2450년경)에 대한 기록입니다. 그 왕이 잠을 잘 때 닌거수(Ningirsu)라는 신이 나타나 조언을 해 주었다는 기록이 있으며, 주전 20세기에 히타이트 왕족들이 꿈을 매개로 신의 뜻을 알았다는 기록이 발견되기도 하였습니다(박종수, 1997: 71).

시리아－팔레스타인 지역에서 역시 꿈에 관한 기록이 발견됩니다. 우가릿 왕 케렛에 대한 이야기에서, 왕은 꿈에 엘(El) 신에게 후계자를 주기를 간구합니다. 고대 이집트에서도 꿈은 신의 의지를 파악하는 수단으로 활용되었습니다. 이집트에서의 꿈과 해몽에 대한 기록은 스핑크스 문헌에 발견되었습니다(박종수, 1997: 72－73).

2. 심리학적 관점

꿈을 인간의 내면의 심리적 문제로 인식하고 이를 학문의 대상으로 삼고 과학적으로 연구하여 인간의 무의식과 연관시켜 꿈을 해석한 최초의 사람은 그 유명한 프로이트(Siegmund Freud)였습니다. 1899년에 저술된 그의 저서 『꿈의 해석(Die Traumdeutung)』에서 꿈이 우리의 현실체험에서 유래하며, 시공을 초월한다는 것은

---

5) 이 당시의 그리스인이나 동양인에게 있어서는 해몽가를 동반하지 않는 출정(出征)은 생각할 수도 없었다. 알렉산더 대왕은 원정을 떠날 때는 유명한 해몽가를 데리고 갔다. 오늘날 항공기에 의한 정찰 없이 전쟁을 할 수 없는 것과 같다(Freud, 2000: 90).

착각이라고 말함으로써 오랜 세월 동안 인간이 신봉해 왔던 꿈의 예언과 계시의 기능을 부인하였습니다. 그에게 꿈의 의미는 경험적인 것이었습니다. 프로이트의 꿈 이해는 인과론적인 관점에서 출발합니다. "꿈은 완전한 심리적 현상이며 어떠한 것의 소망충족"이라는 그의 견해는 꿈의 왜곡과 검열이라는 개념을 탄생시켰습니다. 그에 의하면 대부분의 꿈은 소망충족 기능을 담당하지만, 소망충족을 인정하기 어려운 경우에는 그 소망에 대해서 방어하려는 경향이 있고 이 때문에 꿈은 왜곡된 모양으로 드러나게 된다는 것입니다. 따라서 겉으로 드러난 꿈의 내용(현재 몽)보다는 꿈에 담긴 내적인 의미(잠재 몽)에 주목하면서 꿈을 해석하여야 한다고 주장합니다. 프로이트에 의하면 꿈은 일종의 정신적 치유 과정에서 나타나는 현상입니다(박종수, 2004: 182).

융은 프로이트의 영향을 상당히 받았음에도 불구하고 많은 점에서 프로이트와 다른 견해를 갖고 있습니다. 그에게 있어 꿈은 하나의 스승과 같은 것입니다. 그렇기 때문에 융은 프로이트가 꿈을 감추어진 내용인 꿈의 잠재적 내용과 겉에 나타난 꿈인 현시된 꿈의 내용으로 나누어 우리가 보는 꿈 뒤에 숨겨진 무의식의 욕구, 충동, 그 밖의 것들을 알아내고자 하는 입장을 비판합니다(이부영, 187). 융에게 꿈은 원인을 찾는 것 이상의 의미가 있습니다. 꿈이 신경증의 원인이라는 점에서는 융은 프로이트와 견해를 같이하지만 꿈이 무엇을 실현하고자 하는가라는 목적론적 관점에서 융은 프로이트와 다른 관점에서 출발합니다. 목적론적 관점에서는 꿈속에서의 상징적 표현이 다양하고 서로 다르다는 데 깊은 의미가 있습니다. 융은 프로이트와는 달리 소망충족으로서의 꿈보다는 꿈의 보상기능을 강조하고 있고 따라서 꿈을 연역적이 아닌 경험적 차원과 분석적 차원에서 발견합니다. 따라서 프로이트가 신체적 혹은 심리적 자극에 의해 꿈이 발생한다고 본 반면 융은 꿈을 의식 활동에 대한 무의식의 자율적 보상작용이라고 보았습니다. 이 보상작용을 통해 의식과 무의식의 조화가 촉진된다는 것입니다. 따라서 프로이트와는 달리 융에 의하면 꿈에는 왜곡이나 검열은 있을 수 없습니다(박종수, 2004: 185 - 186).

융은 꿈의 가장 근본적인 기능을 의식에 대한 보상기능(報償機能)이라고 설명합니다. 꿈의 보상작용은 고대 그리스의 히포크라테스의 시대에도 단순하지만 발견됩니다.[6] 꿈의 보상기능은 자연스러운 정상적인 마음의 평형(平衡)을 실현하려는 데 그 목적이 있습니다. 이것은 일종의 정신체계의 자가 조정과 같은 것이며, 그 의미를 받아들여 의식과 무의식의 일치를 꾀할 때 그는 하나의 통일된 마음을 가질 수 있게 됩니다(이부영, 1988: 191).

3. 성서적 관점

성서에는 꿈과 환상뿐만 아니라 천사의 출현, 황홀경, 영(靈)에 사

---

6) 의사 히포크라테스는 환자가 꿈속에서 즐겨 먹는 음식을 현실에서 제공하였는데, 그는 그것이 바로 꿈꾼 사람의 현실에서 결핍되어 있는 음식이라고 생각했다. 꿈은 현실과 반대라는 한국의 속설도 이와 비슷한 전제를 갖고 있다. 의식이 너무 도덕적으로 완전무결하면 꿈에서는 게으르고 거짓말하고 탐욕스럽고 성적으로 부도덕하다고 할 만한 행위를 한다. 반면 의식이 너무 나태하면 꿈에는 엄격한 규율을 지키는 군대가 나타나서, 꿈을 꾼 사람의 자아를 뒤쫓아 오거나 혹은 그 군대와 행동을 같이한다. 이것은 모두 의식에 모자란 부분을 보충하고 의식이 너무 외곬으로 나가는 것을 수정하려는 무의식의 보상기능의 표현이다(이부영, 189).

로잡힘 등에 관한 구절들이 많은데 이 모든 현상들이 명확한 구분 없이 묘사되어 있습니다. 성서는 꿈, 환상, 황홀 현상, 천사의 출현, 그리고 성령체험을 똑같은 방법으로 묘사하고 있습니다(Sanford, 1988: 85). 꿈이라고 하는 범주에는 꿈뿐만 아니라 환상, 백일몽, 환각과 같은 다양한 경험이 포함됩니다. 그것은 이 모든 것들이 무의식의 정신활동이라는 공통점 때문입니다.

유대의 전통에서 꿈은 신과의 교통(divine communication)과 전조(前兆, omens)이며 삶의 길잡이를 해 주는 원천적인 기능을 안고 있습니다. 그리고 신과의 교통으로서의 꿈은 신의 메시지 계시의 꿈, 묵시적인 꿈, 지혜의 꿈, 치유의 꿈 등으로 구별됩니다(Covitz, 2000: 12). 성서에서는 꿈과 환상은 직접적 명령적으로 이루어지거나 아니면 상징적으로 이루어집니다. 꿈이 상징적인 경우에는 해석을 필요로 합니다. 바로의 꿈과 요셉의 해몽이 그와 같은 전형적인 예라고 할 수 있습니다. 구약에서는 중요한 꿈과 환상은 하나님으로부터 왔으며 그것은 인간과 교통하는 수단으로 해석되어 왔습니다. 예언자들도 꿈과 환상을 통하여 하나님의 뜻을 전달하였습니다. 민수기 12:6에서 "너희는 나의 말을 들어라, 너희 가운데 예언자가 있으면, 나 주가 환상으로 그에게 알리고 그에게 꿈으로 말해 줄 것이다."라고 기록되어 있는데 여기서 보는 바와 같이 모든 꿈과 환상은 하나님과 인간이 소통하는 것이며 하나님의 뜻이 인간에게 전달되는 채널의 역할을 하고 있습니다. 구약에서 하나님 말씀이 계시되는 그 자체가 강조되었으며 그 계시가 어떤 방법으로 이루어지는지에 대하여는 중요시하지 않았습니다. 이러한 이유 때문에 하나님은 꿈뿐만 아니라 동시에 꿈에 대한 해석도 주셨고 이 해석은 꿈 그 자체만큼 중요하게 받아들여졌습니다. 요셉이 바로의 꿈을 해석할 때에도 요셉 자신은 꿈을 해석할 능력이 없으며 하나님께서 꿈을 해석하여 주실 것이라고 말하고 있습니다(창 41: 16). 그리고 구약에서는 하나님의 참뜻을 계시하는 진실한 꿈과 거짓된 꿈을 구별하기도 합니다. 사람들을 하나님과 보다 신실한 관계로 인도하는 꿈이나 환상만을 진실한 꿈이라고 하였습니다(AB. Ⅱ. 231). 따라서 하나님과 바른 관계에 있을 때 꿈은 하나님의 뜻을 계시하는 성격을 갖게 되고 따라서 올바른 꿈의 해석이 가능하게 됩니다. 이 경우 꿈과 환상은 축복과 인도입니다. 그러나 하나님과 바른 관계에 있지 않을 때 꾸게 되는 꿈과 환상은 보이지 않거나 거짓 예언자의 탈을 쓰게 됩니다. 이사야서 28:6 - 10에 기록된 것처럼 독한 술에 취한 예언자들이 환상을 제대로 보지 못하며 판결을 올바로 하지 못하는 경우가 여기에 해당됩니다. 삼상 28:5 - 6에는 사울이 블레셋군의 진을 보고 두려워서 마음이 몹시 떨려 하나님께 물었으나 하나님은 그에게 꿈으로도, 우림으로도, 예언자로도 대답하여 주시지 않았다고 기록되어 있습니다. 꿈에 대한 신적인 권위는 성서 전편에 일관되게 기록되었으며 그렇기 때문에 요셉과 다니엘처럼 꿈을 해몽할 수 있는 사람들이 존경을 받았습니다. 구약에서는 꿈과 환상은 하나님이 인간과 직접 대화하는 수단이었으며 그렇기 때문에 꿈이나 환상의 내용 자체가 중요하였습니다. 따라서 꿈에 대한 해석이 필요하였고 해석의 능력이 하나님의 특별한 은총으로 간주되었습니다.

그러나 신약에 와서는 꿈이나 환상의 의미가 직접적으로 분명하여 별도의 해석이 필요하지 않게 되었습니다. 그것은 예수 그리스도가 바로 하나님의 계시이기 때문에 하나님의 계시를 나타낼 꿈과 환상이 많지 않았고, 나타난 꿈과 환상도 예수 그리스도 안에 계시된 하나님이기 때문입니다. 꿈을 의미하는 ὄναρ은 마태복음에만 기록되어 있으며 마태복음 1:20, 2:12, 2:13, 2:19, 2:22, 27:19에 꿈이 등장합니다. 27:19를 제외하고 마태복음의 꿈은 모두 예수의 탄생과 관련되어 직접적인 지시를 하고 있습니다. 환상을 의미하는 말로 사용된 ὀπτασία, ὅραμα, ὅρασις는 주로 누가가 사용하였습니다. 이들 단어는 모두 동사 ὁράω에서 유래되었는데 바라보다, 인식하다, 주의하다, 경험하다, 나타나다 등의 의미를 갖고 있습니다. 환상이라고 번역된 단어들이 실제로 꿈이나 환상과 같은 무의식의 경험을 나타내는지 아니면 계시의 다른 형태인지는 불분명하지 않을 때도 있습니다. 신약에서는 꿈과 환상의 계시적인 특징을 강조하며 그 자체만으로는 큰 의미를 두지 않습니다. 마태복음에서 꿈은 예수의 탄생 설화에서 여러 번 등장합니다. 여기에서 꿈은 하나님의 뜻을 전달하는 채널 수단입니다. 꿈은 상징이 아니라 하나님의 뜻이 담긴 구체적인 안내와 지시입니다. 하나님은 꿈을 통해 요셉과 동방박사들에게 직접적으로 인도하고 경고하십니다. 오직 마태만이 예수의 공생애 기간 중 꿈이나 환상에 대하여 언급합니다. 마 17:9에서 예수는 산에서 내려올 때에 제자들에게 본 광경(ὅραμα)을 아무에게도 말하지 말라고 말씀하셨습니다. 마태복음 27:19에는 빌라도의 아내가 빌라도에게 자신의 꿈 이야기를 전달하면서 예수를 죽이는 일에서 손을 떼라고 경고합니다. 여기에서도 꿈은 하나님의 뜻이 계시되는 수단입니다.

구약과 신약에서 꿈과 환상은 하나님이 인간과 소통하는 채널입니다. 구약에서는 꿈과 환상은 예언의 메시지였으며 하나님이 인간과 직접 대화하는 수단이었습니다. 따라서 꿈이나 환상의 내용이 중요하였고 어려운 해석 작업을 거쳐야 했습니다. 해석의 능력은 특별한 은총으로 간주되었고 하나님과 올바른 관계에 있을 때에만 가능하였습니다. 신약에서는 예수 그리스도가 하나님의 계시이기 때문에 꿈과 환상이 구약에 비해 많지 않으며 꿈의 의미도 직접적으로 분명하여 거의 대부분 별도의 해석이 필요하지 않게 됩니다. 원시 교회 공동체에서도 꿈과 환상을 하나님의 계시로 간주하였으며 그 내용은 권고와 지시, 약속과 일깨워 주는 것이었습니다.

제3장

베드로 환상에 대한 연구사

　지금까지 많은 신학자들과 성서주석가들은 베드로의 환상(행 10:9 – 16)에 대한 다양한 연구와 논의를 해 왔습니다. 그 논의와 연구는 전승 자료의 역사성과 사회문화적 상황에서 환상의 의미와 역할, 그리고 고넬료의 회심과의 연결 등 이들과 같은 관점에서 이루어졌습니다. 환상에 대한 해석 역시 베드로 개인의 내면적인 정신세계를 통해 해석하기보다는 원시 교회 공동체 안에서 이방 선교라는 구속사적인 발전 단계에서 고넬료의 회심과 연결된 초자연적인 사건으로 규정하였습니다. 이렇듯 지금까지 베드로의 환상을 해석하는 작업에서 베드로의 무의식의 내면적 정신활동에는 전혀 관심을 기울이지 않았습니다. 환상은 베드로 개인의 정신활동이며 그중에서도 그의 무의식의 활동입니다. 그러나 지금까지 환상에 대한 연구는 이를 외면한 채 주로 베드로의 의식적인 언행과 베드로가 속했던 유대와 원시 교회 공동체 안에서 베드로의 직분과 역할에 집중하고 있습니다. 이 장에서는 고넬료의 회심과 관련한 베드로의 환상을 주요 성서비평적 관점에서 어떻게 해석하여 왔는지를 살펴보기로 합니다.

1. 디벨리우스(Martin Divelius)

　디벨리우스는 고넬료의 회심에 관한 연구에서 획기적인 전환점을 이루었다고 평가받고 있는 독일의 신학자입니다. 디벨리우스는 양식비평적 방법으로 누가가 사용한 전승과 그것을 어떻게 취급하였는가에 대하여 관심을 집중합니다. 사도행전 10:1 - 11:18의 기록은 예루살렘 유대인 신도를 상대로 고넬료의 회심과 이방 선교에 대한 베드로 자신의 입장을 정당화하는 상세한 변증입니다. 예루살렘 사도회의에서 베드로와 야고보는 고넬료의 회심을 이방인을 하나님이 받아들이는 결정적인 증거로 언급하고 있습니다. 디벨리우스는 고넬료 이야기가 누가가 만들어 낸 창작은 아니라고 보고 있습니다. 원래 고넬료의 회심에 관한 전승이 있었는데 이것이 헬라 공동체의 상황에서 누가가 살을 붙임으로, 즉 첨가함으로써 원래의 전승이 윤색되었다고 설명합니다. 이와 같은 관점에서 디벨리우스는 누가가 문학사가(literary historian)의 역할을 하였다고 보고 있습니다. 다시 말하면 누가는 고넬료의 회심에 관하여 역사적 사실을 있는 그대로 기술한 것이 아니라 고대의 저술가들처럼 중요하다고 생각되는 전승을 뽑아내어 연설이라는 형태로 강조하였을 것이라는 것이 디벨리우스의 주장입니다(Divelius, 2004: 141).

　　디벨리우스는 또한 사도행전 11:1 – 18에 기록된 베드로 자신의
변호를 누가의 창작으로 보고 있습니다. 예루살렘 교회를 중심으로
하는 유대인 기독교도들이 문제로 제기하는 것은 베드로가 이방인
과 함께 식사하여 어울린 문제였습니다. 그런데 이 문제는 고넬료
의 회심 과정에서 중요한 역할을 하지 않고 있습니다. 고넬료의
회심에 대한 원래의 전승은 고넬료가 이방인이며 경건한 사람으로
하나님을 두려워하는 그래서 하나님이 천사를 보냈다는 것입니다.
그러므로 이와 같이 신실하고 경건한 고넬료와 베드로가 연관을
갖게 되었다고 해서 베드로가 자신을 변호할 필요성은 전혀 없었
을 것입니다. 그러나 누가는 이 이야기에 특별한 중요성을 실어
주기 위해 베드로의 변호를 삽입했다고 디벨리우스는 해석하는 것
입니다(Divelius, 2004: 140). 이 사실은 사도행전 11:1 – 18에 나타
난 베드로의 변호 내용이 10장의 기록과 다르다는 점에서 확인됩
니다. 성령이 내린 시점이 사도행전 10:44에는 베드로가 설교를 하
고 있을 때이나 11:15에는 말을 하기 시작하던 때로 기록되어 있
습니다. 또한 사도행전 10:5, 32에서는 하나님의 천사가 욥바로 사
람을 보내서 베드로를 데려오라고 기록되어 있으나 11:14에서는
고넬료와 그의 온 집안이 구원을 받을 말씀을 베드로가 일러줄 것
으로 첨가되었습니다.

　　또한 디벨리우스는 사도행전 10:34 – 43에 기록된 베드로의 설교
역시 사도행전 저자의 창작으로 보고 있습니다. 우선 설교 내용이
아주 길고 고넬료의 회심 자체에 대하여 언급이 없다는 점 때문에
그렇습니다. 또한 10:37에 고넬료와 가족을 상대로 “여러분이 아시
는 대로”라고 서두를 말하면서 예수에 관해 말하지만, 10:1 – 4에

서 고넬료가 구약에 관해서는 알고 있다고 보이지만 예수 그리스도에 대하여는 알고 있다는 것을 시사해 주는 어떤 것도 발견할 수가 전혀 없습니다.

디벨리우스는 베드로의 환상 역시 누가의 창작이라고 보고 있습니다. 이 환상의 목적은 분명히 이방인과 관련하여 베드로에게 용기를 주기 위한 것입니다. 이 용기는 베드로에게 깨끗한 것과 부정한 짐승들을 먹는 용기가 아니라 유대 사람들이 죄로 여기는 이방인과 어울려 같이 식사하는 용기를 의미하며 베드로 자신도 이 환상을 그렇게 이해하고 있습니다. 이렇듯 대부분의 주석가들이 베드로의 환상을 비유적으로 이해하고 있습니다. 다른 주석가들 특히 바우어파인드(Bauernfeind)는 베드로의 환상을 비유적인 바탕에서 이방인과 식사하는 것에 대한 모든 규칙을 무시해야 한다고 주장합니다. 이처럼 해석하는 견해를 뒷받침할 여러 가지 중요한 점이 있습니다. 첫째로 사도행전 10:10에서 베드로는 배가 고파서 먹었으면 했습니다. 이 사실은 '잡아먹어라'는 명령이 말 그대로의 의미이며 의도적으로 부정한 짐승이 섞여 있는 하늘에서 내려온 음식이 지상의 음식으로 먹기 위한 것임을 시사하고 있습니다. 다음으로는 베드로가 자신을 변호하기 위하여 환상을 설명한 11:5 - 10의 내용이 베드로가 11:3에서 할례받지 않은 사람들과 음식을 먹었다는 비난에 직접적인 답변이라는 점입니다. 10:28b에서 보는 바와 같이 누가는 환상을 다른 의미로 해석하여 음식의 구별이 아니라 사람들 사이의 구별이라는 점을 언급하고 있습니다(Divelius, 2004: 142). 여기서 우리는 갈라디아서 2:11 - 14의 안디옥 사건에서 베드로가 음식 문제로 난처한 처지에 놓였음을 주목할 필요가 있습

니다. 누가는 고넬료의 이야기에 베드로의 환상을 첨가하여 베드로
가 이방인의 문제와 관련해서 고무되고 정당화되었다는 사실을 보
여주고 있다는 것입니다.

디벨리우스는 베드로의 환상이 누가의 첨가였다는 사실을 또한
사도행전 10:27 - 29a에서 주장하고 있습니다. "일어나십시오, 나도
역시 사람입니다(10:26)."는 "무슨 일로 나를 오라고 하셨습니까
(10:29b)?"와 연결되며 베드로가 자신이 본 환상을 설명한 10:27 -
29a가 생략된다면 전체적으로 훨씬 더 짜임새 있는 구조가 될 것
이라고 주장하고 있습니다.

그러면 누가는 왜 베드로의 환상을 첨가하였을까요? 이에 대하
여 디벨리우스는 이방인들도 율법에 매이지 않고 교회 안으로 받
아들여져야 하며 그러기 위해서 하나님의 계시가 필요했다고 그
이유를 설명합니다. 하나님의 계시를 위해서 고넬료의 이야기가 필
요했으며 그 과정에서 베드로의 환상을 첨가하였다는 것입니다
(Divelius, 2004: 146). 누가는 이방 선교가 바울과 같이 위대한 사
도에 의해서, 즉 사람의 노력에 의해서 이루어지는 것이 아니라
하나님을 통하여 이루어진다는 사실을 부각하고 싶어 하였을 것이
라는 것입니다. 그렇기 때문에 사도행전 15장 이방 선교와 율법
문제를 다루기 위한 예루살렘 회의에서 바울이 발언을 했다는 사
실만 기록되어 있을 뿐 그 구체적인 내용은 언급하지 않았다는 것
입니다. 이에 반하여 베드로와 야고보는 이방 선교가 하나님의 뜻
임을 분명히 하고 있습니다. 이 목적을 위하여 누가는 고넬료의
이야기에 베드로의 환상을 첨가하였습니다. 그리고 누가는 베드로
의 환상의 내용을 깨끗하고 부정한 음식이 아니라 깨끗하고 부정

한 백성의 구별이 없음으로 해석하여 음식의 정결례를 빌려 이방 선교가 하나님의 뜻임을 분명히 하려고 했던 것입니다. 디벨리우스는 베드로의 환상, 소개의 말, 베드로의 소개와 자신의 행동을 정당화하는 사도행전 10장과 11장의 기록을 누가의 창작으로 봅니다. 디벨리우스는 고넬료의 회심 기사에서 베드로의 환상과 관련된 부분을 제외하면 8:26-39의 에티오피아의 내시 기록과 병행을 이룬다고 주장합니다. 디벨리우스의 결론에 의하면 누가는 고넬료의 회심과 관련한 베드로의 환상과 이어진 기록이 역사적 사실의 정확성을 포기하는 대신, 역사적 사실보다도 훨씬 중요한 역사적 진실, 즉 이방인들을 율법에서 자유롭게 교회에 편입한 사실이 바울이나 베드로부터가 아니라 하나님으로부터 연유된 것이라는 사실을 주장하려는 것이 중요한 목적이라는 것입니다(Divelius, 2004: 150).

2. 탈버트(Charles Talbert)

탈버트는 사도행전 10:1-11:18과 사도행전 9:32-11:18을 한데 묶어 베드로가 유대의 증인이 됨이라는 맥락으로 이해하고 있습니다. 그는 이 부분을 세 부분, 즉 (1) 9:32-35 (2) 9:36-43 (3) 10:1-11:18로 구분하고 10:1-11:18을 또다시 10:1-49와 11:1-18로 나누어 전자를 사건의 기술, 후자를 사건에 대한 정당성 부여라고 구분하고 있습니다. (1) (2) (3) 세 부분 모두 유대가 배경이며 처음 두 부분은 유대인의 복음화를 세 번째 부분은 이방인의 복음화에 초점을 맞추고 있습니다. 전체적으로는 1:8에 기록된 유대에서 예수의 증인이 되라고 하는 명령을 지킨 것이라고 보고 있습니다. 이 세 이야기는 구약과 누가복음과 그리고 사도행전의 바울 부분과 연관을 맺고 있습니다. 첫째, (1) 부분은 눅 5:18 - 26과 (2) 부분은 8:40 - 56 그리고 (3) 부분 고넬료의 회심은 눅 7:1 - 10과 연관되어 지상의 예수 활동을 반영하고 있습니다. 이는 부활하신 예수가 명령하신 사명이 지상의 예수의 활동과 연속적인 관계를 맺는다는 것을 의미합니다. 둘째, (3) 부분은 왕하 5장 나아만이 고침을 받는 기사와 연관됩니다. 여기에서는 베드로를 예언자 계승 선상에 올려놓고 있습니다. 베드로에 대한 셋째 부분의 이야기는 사도행전에서 모두 바울에 관한 병행 설화를 갖고 있습니다((1)//14:8 - 12, (2)//20:7 - 12, (3)//13 - 28장). 이 의미는 바울의 선교가 그의 전임자인 유대 기독교인으로부터 벗어나지 않는다는 사실입니다. 탈버트는 원시 교회 공동체의 통일성을 보여주고 있다고 설명하고 있습니다(Talbert, 1997: 103).

탈버트는 이 이야기들이 사도행전에서 문학적, 신학적 기능을 한다고 보고 있습니다(Talbert, 1997: 104). 문학적으로는 앞의 두 이야기는 베드로를 사도들이 살고 있던 예루살렘으로부터 욥바로 데려오는 역할을 합니다. 욥바에 와서야 베드로는 고넬료에게 접근이 가능하게 됩니다. 신학적으로 앞의 두 기적 이야기는 몇 가지 의미를 갖고 있습니다. 그 하나는 기적이 신앙의 촉매역할을 한다고 하는 누가의 강조의 연장선상에 있는 것이며 다른 하나는 베드로가 여러 날 동안 시몬이라는 무두장이의 집에서 머물렀다는 아주 중요한 사실입니다. 왜냐하면 레 11:39 - 40은 깨끗한 짐승의 시체를 만진 사람을 부정하다고 선언하는데, 그렇다면 무두장이는[7] 아주 부정한 사람이기 때문입니다. 베드로가 유대인 무두장이와 오랫동안 같이 살았다면, 정결법이 유대인과 그들과 관련을 맺고 있는 사람들에게는 적용이 되지 않는다는 입장에 이미 이르렀다고 보아야 할 것입니다. 비록 누가가 마가복음 7:15의 내용을 포함하지는 않았다 하더라도 그와 같은 가치 판단이 욥바에서 베드로의 행동의 근저에 있었을 것입니다. 베드로는 그러한 정결법이 이방인과의 접촉에는 적용되지 않음을 보게 된 것입니다.

세 번째 (3)의 이야기는 누가에게 특히 결정적입니다. 이야기의 반복이 이 점을 분명하게 밝혀 주고 있습니다. 먼저 사건이 서술되고(10:1 – 49) 이어서 재현되고(11:1 – 18) 후에 회상됩니다(15:7 – 11, 14). 이는 3중 구조를 갖고 있는 사울의 회심(사도행전 9장, 22장, 26장)의 경우처럼 강조를 위한 것입니다. 여기서 복음사가는 이방인 접촉의 원칙을 합법화합니다. 이를 합법화하기 위해서는 두 가지 문제를 해결해야 했었습니다. 하나는 정결법입니다(10:28, 11:3, 레 11장). 이방인 선교의 장애물은 정결법을 따르는 유대인들이 부정하다고 인식되는 이방사람들과 부정한 음식과 접촉하는 문제였습니다. 고대 유대교의 일부 종파는 음식에 관한 정결법이 메시아의 날에는 정지될 것이라고 기대했었습니다. 그렇다면 문제는 그때가 지금 도래하였는가 하는 것이고 다른 문제는 하나님이 이방인을 이 시점에서 원시 교회 공동체 안으로 허락할 것인가 하는 것입니다. 사도행전 2:1 – 4과 토비트서 14:5 – 7에 이때가 언급되어

---

7) 무두장이는 부모가 자식에게 가르쳐서는 안 될 상업의 하나로 간주되었다. 무두장이들은 도시로부터 50큐빗 이내에 있을 수 없다고 랍비는 가르쳤다. 회당 건물은 무두장이가 사용하도록 팔 수 없었다(Talbert, 104).

있는데 그것은 세상의 끝 날에야 이루어지는 것입니다. 그렇다면 그때가 지금 도래하였는가? 탈버트는 이 두 가지 문제에 관해서 사도행전 10:1 - 11:18이 초점을 맞추고 있다고 보고 있습니다 (Talbert,1997: 105). 그는 이 문제를 명확하게 하기 위해서 10:1 - 11:18의 표현적 구조를 이해하여야 한다고 주장합니다. 전반부 10:1 - 49는 사건의 서술이고 후반부 11:1 - 18은 그 사건을 정당화 한다는 것입니다. 전반부는 고넬료와 베드로 사이를 ABA'B' 형태 로 앞뒤로 이동하고 있는데 이 패턴을 통해서 하나님의 주도권과 그에 대한 인간의 복종이 강조되고 있습니다.

A는 10:1 - 8로서 고넬료의 환상과 복종으로서 명령하는 천사 현시의 양식을 따르고 있습니다. A는 이러한 양식의 다섯 가지, 즉 (1) 도입(1 - 2) (2) 천사가 나타남(3) (3) 두려워함(4a) (4) 천사가 하나님의 명령을 전함(4b - 6) (5) 복종(7 - 8)의 요소로 구성됩니다.

B는 사도행전 10:9 - 29로서 베드로에게 집중합니다. 고넬료의 사람들이 베드로를 데리러 오며 바로 이때에 베드로는 환상을 봅 니다. 이와 같은 이중 계시(double revelation)는 고대에서 널리 사 용되었습니다. 이중 계시는 두 증인이 주제의 유효성을 확인하는 방법의 하나이며 사건을 합법화하는 작용을 합니다. 고넬료와 베드 로는 기도하는 중에 환상을 보게 되는데 이것은 기도라는 수단을 통해서 하나님의 뜻이 새로운 장으로 열린다는 누가의 믿음과도 일치하는 것입니다.[8]

베드로는 황홀경에서 환상을 보고 음성을 듣습니다. 베드로는 '일

---

8) 이와 같은 사례로서 탈버트는 눅 3:21 - 22, 6:12 - 16, 9:18:22, 9:28 - 31, 22:39 - 46, 사도행전 1:14, 13:1 - 3을 언급하고 있다(Talbert, 107).

어나서 잡아먹어라.'라는 소리를 그가 환상으로 본 부정한 짐승들을 먹어야 하는 것으로 받아들입니다. 베드로는 이 명령을 자신을 시험하는 것으로 받아들여 강하게 거절합니다. 그 음성은 다시 하나님께서 깨끗하게 하신 것을 속되다고 하지 말라 하고, 이에 대하여 베드로는 그 의미에 대해 어리둥절해합니다. 바로 이 시점에 고넬료가 보낸 세 사람이 도착합니다. 성령이 베드로에게 의심하지 말고 함께 가라고 말합니다. 방문한 사람들이 베드로에게 고넬료의 환상을 이야기합니다. 베드로가 본 환상, 들은 음성, 성령의 말, 고넬료의 환상을 통하여 베드로에게 교감된 것은 유대교의 정결법이 하나님을 찾으려는 이방인들과의 관계를 봉쇄하는 것에는 적용되지 않는다는 것입니다. 유대인들이 이방인들과 관계를 맺는 것을 금지하는 특정한 율법은 없습니다. 그것은 다만 정결법의 결과일 뿐입니다. 유대인들은 이방인의 음식을 거부했습니다(단 1:8 – 16, 토비트 1:10 – 13, 유딧 10:5, 12:1 – 20). 이는 유대인들을 난공불락의 성벽과 철의 장막으로 보호하여 그들이 이방인들과 섞이지 않고 몸과 영혼이 깨끗한 상태로 헛된 상상에서 벗어나 모든 피조물 위에 계신 전능하신 하나님을 경배하기 위한 것이었습니다.[9] 이 뿌리 깊은 관습을 하나님께서 보여주신 환상으로 베드로는 뛰어넘었습니다. 그리하여 베드로는 부활 이후 고넬료 회심의 종교적 경험에 복종하였을 뿐만 아니라 지상의 예수가 암시하였던 것들과

---

9) "Now our Lawgiver being a wise man and specially endowed by God to understand all things, took a comprehensive view of each particular detail, and fenced us round with impregnable ramparts and walls of iron, that we might not mingle at all with any of the other nations, but remain pure in body and soul, free from all vain imaginations, worshiping the one Almighty God above the whole creation." *Epistle of Aristeas* 139(출처: www.ccel.org/c/charles/otpseudepig?aristeas.htm).

(눅 5:12 – 15, 5:29 – 32, 7:36 – 50, 10:29 – 37, 11:37 – 41, 15:1 –
2, 19:1 – 10) 계속적인 연장선상에 있게 되었습니다.

A'는 10:30 – 33으로서 다시 고넬료에게 초점이 옮겨집니다. 여
기서 백부장은 자신의 환상과 복종을 재차 언급하고 있습니다. 그
의 환상은 10장에서 세 번이나 설명됩니다. 그리고 백부장은 자신
이 환상에 복종하였고 말씀을 들으려고 하나님 앞에 모였다고 말
함으로써 이제는 베드로가 복종할 차례가 되었으니 말을 하라고
지적합니다.

B'는 10:34 – 40로 베드로에게 다시 초점이 옮겨 가며 또한 이방
인들이 하나님의 사람으로 허락되는 문제로 옮겨집니다. 이 부분은
두 부분으로 되어 있는데 첫 부분은 베드로의 연설이며 두 번째
부분은 성령의 선물입니다. 베드로의 연설 부분은 다시 ABCB'C'A
의 구조를 갖고 있습니다. A는 34b – 35로서 하나님은 누구든지
받아 주신다는 보편성을, B는 36 – 38로서 예수께서 하신 일에 대
하여, C는 39a로서 증인들에 관하여 말합니다. 다시 B'는 39b – 40
으로 예수에게 일어난 일에 대하여 41 – 42의 C'는 증인들에 관하
여 43의 A'는 예수를 믿는 사람은 누구든지 죄사함을 받는다고 하
는 보편성을 말합니다. 여기서 연설은 보편성으로 시작하여 보편성
으로 마무리됩니다. 베드로의 연설에 이어서 성령이 그 말을 듣는
모든 사람인 이방인에게까지 내리었습니다. 성령의 선물은 유대인
에게 내리는 특징적인 것으로 이해되었습니다. 베드로는 하나님께
서 이처럼 분명하게 이방인을 포함시키셨다면 원시 교회 공동체가
뒤따라서 그들을 영접하여야 한다는 주장입니다. 그래서 이방인들
은 하나님이 주도하시고 사도들이 응답함으로써 하나님의 백성으

로 포함되었습니다. 베드로는 고넬료로부터 며칠 더 머물기를 요청받았으며 이는 사도행전 16:15와 요 4:47과 비교됩니다.

고넬료의 회심을 장르의 측면에서 살펴보면 사도행전 9:1 – 30의 사울의 회개처럼 고대의 회심 이야기의 형식에 부합합니다. 즉 그것은 사건의 배경 – 회심의 기폭제 – 반작용 – 회심 – 사후 회심의 진정성에 대한 증거입니다. 이런 의미에서 사도행전 10:1 – 11:18은 고넬료의 회심이라고 정확하게 말할 수 있습니다.

탈버트는 고넬료의 회심을 구약과 누가 자신이 기술한 누가복음과 사도행전의 연관된 것으로 일관된 문학의 구조로 파악하고 있습니다. 그리고 그 주제는 고넬료의 회심에 관한 것이며 문학의 구조적인 형식에 초점을 맞추어 고넬료의 회심을 전체적인 틀 안에서 풀어 나가고 있습니다. 여기에서도 베드로의 환상을 개인적인 경험의 관점에서 분석하려는 시도는 전혀 보이지 않습니다. 다만 베드로의 환상과 연설 그리고 모든 행동은 고넬료의 회심이라는 틀 안에서 이해되고 해석되고 있을 뿐입니다.

3. 헹핸(Ernst Haenchen)

헹핸은 사도행전 10:1 – 11:18을 "하나님이 베드로로 하여금 최초로 이방인을 개종시키도록 하다."는 제목으로 그 내용을 요약한다고 주장합니다(Haenchen, 1971: 345). 그는 베드로의 환상을 목적론적으로 해석하고 있습니다. 헹핸은 10:1 – 11:18의 본문에 대한 확실한 입장을 취하려면 먼저 기록된 내용의 역사적 사실 여부와 자료에 대한 모든 문제를 제쳐 두고 고넬료 회심 사건의 이야기를 재구성하는 누가의 주 관심사가 무엇인지를 이해하여야 한다고 주장합니다. 즉 누가의 이러한 신학적 의미를 도외시하면 이 이야기는 전후가 맞지 않는 혼란에 빠지게 된다는 것입니다. 누가는 평범한 고넬료 설화를 하나의 신학적 의미로 전체를 일관성 있게 고리로 엮었으며 따라서 신학적인 의미에 의해서만 이해할 수 있도록 이야기했다고 헨핸은 주장합니다. 그 신학적 의미는 고넬료 회심을 통하여 이방인 선교와 같은 교회적 사건이 하나님의 손길을 드러내려는 노력에서 연유된 것이라는 것입니다. 그 노력 중에 누가는 그와 관련한 인간의 결정을 가능한 한 완전히 배제시키려는 한다는 주장입니다. 즉 이방 선교에 대한 하나님의 뜻은 인간의 노력이나 결정들을 통해서 실현되는 것이 아니라 인간적 행위들 사이에 초자연적인 개입(supernatural interventions)이 일어나 이루어지는 것이 누가의 신학적 의미라는 것입니다(Haenchen, 1971: 362). 천사의 현시, 성령의 지시, 몰아적 성령 부음 등과 함께 베드로의 환상도 헨핸은 바로 그 초자연적인 개입으로 보고 있습니다. 이방인 선교에 대한 결정을 오로지 하나님께 돌리기 위해 바로 인간의 작용을 가능한 한 전적으로 배제함으로써 누가는 진정한 신앙적 결단들이 내려지는 현실을 떠났으며 우리에게 하나님의 행위를 감지하도록 우리 대신에 베드로의 환상을 포함한 일련의 기적들을 만들어 냅니다. 그것은 누가가 그 시대의 표상 양식을 악의 없이 충실히 따른 결과라고 헨핸을 보고 있습니다(Haenchen, 1971: 363). 베드로의 환상이 음식에 관한 것이 아니라 사람에 관한 것이라 할

지라도 하나의 난점이 남습니다. 즉 베드로의 대답은 분명히 깨끗하지 못한 짐승들만 그에게 제시되었을 경우에만 의미가 있습니다. 그러므로 헨핸에 의하면 베드로의 환상은 사도행전 10:28의 가르침을 구체화하기 위해 저자 자신에 의해 만들어졌다는 것입니다. 그렇기 때문에 예루살렘 신도들이 "그러므로 이제는 부정한 음식을 먹을 수 있다."고 하지 않고 "이제 하나님께서는 이방 사람들에게도 회개하여 생명에 이르는 길을 열어 주셨다."고 결론을 내렸다고 그는 설명합니다(Haenchen, 1971: 362).

4. 위더링턴(Ben Witherington Ⅲ)

위더링턴은 원시 교회 공동체의 확장은 지역적인 장벽뿐만 아니라 인종의 장벽과 사회적 경계를 넘어야 하는 것으로 인식의 출발점을 삼고 있습니다. 사도행전 10:1 – 11:18을 원시 교회 공동체가 보다 보편적인 종교, 즉 지역과 사회적 지평의 양자에서 보다 보편적인 종교로 발돋움해 나가는 또 하나의 단계로 그는 이해합니다. 이를 위하여 누가는 이방인들의 유대교 공회당 신봉자들이 원시 교회 공동체로 이적하는 아주 중요한 이야기를 제시하고 있고, 특히 이방인 중 상당한 사회적 위치와 지위에 있는 사람을 아주 중요시했던 것 같습니다. 이 설화는 에티오피아 내시의 이야기처럼 유대교의 언저리에 있던 사람들이 기독교인이 된 이야기이며 사도행전 8장에 기록된 초기 이야기처럼 이러한 변화를 만든 사회적인 지위를 갖고 있는 사람들에 관한 이야기라고 그는 설명합니다(Withe-rington Ⅲ, 1998: 341).

고넬료 이야기를 누가가 얼마나 중요하게 생각하였는가를 가늠할 수 있는 것은 사도행전 10장부터 15장까지 이 이야기의 내용을 세 번이나 심지어는 네 번까지 반복하고 있다는 점입니다. 사울의 회심이 전형적인 유대교 개종자의 이야기가 아니듯이 고넬료 역시 전형적인 이방인 개종자가 아닙니다. 그러나 누가는 이들 이야기를 변화의 촉매로 보았고 원시 교회 공동체가 나아갈 특징과 방향을 결정지었다고 보았기 때문에 중요한 의미를 부여하고 반복적으로 강조했다고 보고 있습니다(Witherington Ⅲ, 1998: 340). 이방 선교를 위한 사울의 부름 받음, 환상에 대한 고넬료의 응답, 베드로의 환상과 성령의 강림과 같은 일련의 사건들이 원시 교회 공동체 안에 이방인 선교와 교제라는 측면에서 위기를 불러일으켰습니다. 그 위기는 15장에 기록된 예루살렘 회의에서 어느 정도 해결되었습니다. 사도행전 9-10장에 기록된 이러한 사건들이 예루살렘 교회까지도 이방인 선교를 조건 없이 승인할 때에야 비로소 도달할 수 있는 원시 교회 공동체의 전환점의 전조(前兆)라고 위더링턴은 해석합니다(Witherington Ⅲ, 1998: 340). 이 목적을 위해서 누가는 이방인 선교를 위한 추진력이 직접적으로 하나님으로부터 온다는 사실을 아주 중요하게 강조합니다. 그래서 환상과 하나님의 천사가 동원되고, 이들은 대항하고, 확신하고, 설득하고 사울과 고넬료를 회심하게 합니다. 이렇게 함으로써 이방인 선교와 관련된 원시 교회 공동체 안의 논쟁을 잠재우려는 것이 목적입니다. 이런 목적을 위한 사건들이 환상으로 시작되며 그것들을 아주 중요하게 확인시키고 있습니다. 그렇다고 해서 하나님의 보편적인 구원의 계획을 위하여 인간의 응답과 자신의 역할을 담당하는 일을 소홀히 취급해선 안 된다고 그는 주장합니다(Witherington Ⅲ, 1998: 341).

위더링턴은 고넬료의 회심 이야기를 고넬료와 베드로의 환상에 의존하고 촉발된 것으로 보고 있습니다. 누가는 베드로의 환상에 나타난 깨끗하거나 부정한 음식물의 문제에 대하여 관심을 거의 표하지 않습니다. 누가는 음식물 정결법을 누가복음과 사도행전의 다른 곳에서 거의 언급을 하지 않으며 이 문제에 관한 마가복음 7장의 마가자료를 완전하게 생략하고 있는 것을 보아 알 수 있습니다. 그렇다고 해서 누가가 베드로의 환상을 아무런 의도 없이 삽입했다고 보기는 어렵습니다. 아마도 누가가 사용한 자료에 베드로의 환상과 회심의 이야기를 같이 포함하고 있었을 것이라고 봅니다(Witherington Ⅲ, 1998: 341). 누가는 누가복음 24:47과 사도행전 1:8에서 이미 이방 선교를 기정사실로 언급하고 있습니다. 여기서 문제가 되는 것은 이방 선교가 유대인의 정결법의 관점에서 어떻게 이루어져야 하는가 하는 문제입니다. 배타적인 자민족 중심의 정결법을 어떻게 극복하느냐 하는 과제인 것입니다. 누가는 음식물에 관한 정결법이 이로써 폐지되었다고 명확하게 말하지 않습니다. 다만 어느 누구도 더 이상 깨끗하지 못한 사람으로 취급되어서는 안 된다는 사실에 초점을 두고 있을 뿐입니다(Witherington Ⅲ, 1998: 354). 위더링턴은 고넬료와 베드로의 환상으로 촉발된 이방 선교의 문제가 완전히 해결된 것은 아니라고 보고 있습니다. 그것은 다만 보류되었을 뿐이며 이방 선교에 대한 부정적인 비판이 일시적으로 침묵하게 되었습니다. 이 때문에 베드로까지 나중에 또다시 생각이 흔들리게 되어 유대 기독교인들의 압력으로 안디옥에서 이방인과 식탁 교제를 하던 자리에서 물러서는 일이 발생합니다. 그러나 고넬료의 회심 사건으로 가이사라에서 이방인을 향한 선교의 문을 열렸습니다. 이 상황에서 바울과 동역자 바나바가 이를 포착하여 이방 선교를 위한 전도 여행의 첫발을 내딛게 되지요. 이렇게 됨으로써 이방 선교의 주도권이 예루살렘 교회를 떠나게 됩니다(Witherington Ⅲ, 1998: 365).

5. 아링턴(French Arrington)

아링턴은 고넬료의 회심을 예루살렘 교회의 성립부터 바울의 로마 입성에 이르는 원시 교회 공동체의 발전 과정의 틀 속에서 이해하고 있습니다. 그는 사도행전에 기록된 원시 교회 공동체의 발전 과정을 다음과 같이 구분합니다. 단계별로 확대해 가는 점층적인 구분을 보여주고 있습니다.

⑴ 예루살렘 교회의 성립(1:1 – 6:7)

⑵ 예루살렘을 넘어서 확장하는 교회(6:8 – 9:31)

⑶ 이방인을 포함하는 교회(9:32 – 12:25)

⑷ 이방인 선교(13:1 – 16:5)

⑸ 서쪽으로 확장하는 선교(16:6 – 19:20)

⑹ 로마 선교(19:21 – 28:31)

그는 고넬료의 회심을 ⑶단계, 즉 원시 교회 공동체가 이방인을 편입하는 과정으로 이해합니다. 누가는 고넬료와 베드로의 이야기를 통하여 이방인 선교에 관심을 두었으며 다음과 같은 두 가지 진리를 강조하려 했다는 것입니다. 첫째는 하나님이 이방인을 원시 교회 공동체에 들어오도록 허락하셨습니다. 그래서 기도, 환상, 천사, 성령의 역사 등 이 모든 사건들을 하나님께서 주도하시고 능력을 주셨습니다. 그러나 신적인 주도권을 강조한다고 해서 고넬료와 베드로의 개인적인 결단을 무시하여 그들을 그저 로봇으로 생각하는 것은 안 됩니다. 둘째는 베드로와 예루살렘 교회가 이방인 수용을 승인했다는 점입니다(Arrington, 1988: 108).

따라서 아링턴은 고넬료와 베드로의 환상을 하나님이 주도하시는 이방 선교를 위한 하나님의 뜻이 전달되는 채널로 이해합니다. 그러므로 그는 베드로의 환상을 고넬료의 회심을 위한 동일선상에서 보고 있습니다. 그는 일어나서 잡아먹으라는 주님(κύριε)의 명령에 대한 베드로의 거절을 유대인이면 누구나 태어날 때부터 갖고 있는 신념(inherited belief)으로 보고 있으며 그 신념을 베드로가 바꾸어야 한다고 주장합니다. 왜냐하면 이미 하나님께서 이전에 부정한 것을 받아들이셨기 때문이죠(Arrington, 1988: 110). 그러나 여전히 베드로는 환상의 의미가 무엇일까 속으로 어리둥절하고 있습니다. 그것은 환상으로도 베드로의 타고난 신념 체계를 무너뜨릴 수 없었다는 반증이기도 합니다. 그러기에 고넬료가 보낸 사람들이 도착하는 것과 때를 맞추어서 성령이 베드로에게 의심하지 말고 함께 갈 것을 지시합니다. 환상과 성령의 지시를 받고서야 베드로는 하나님이 주도하시는 이방 선교의 문을 열었습니다.

6. 콘첼만(Hans Conzelmann)

콘첼만 역시 고넬료의 이야기가 역사적 사실과 다르다는 디벨리우스의 의견에 동조합니다. 고넬료 이야기는 누가의 역사관과 원시 교회 공동체에 대한 누가의 개념을 반영하고 있는 것으로 그는 이해하고 있습니다(Conzelmann, 1987: 44). 누가는 환상에 대한 자료를 다른 곳에서 발견했으며 그것을 고넬료 이야기에 삽입하였습니다. 그러니까 누가 자신이 고넬료 이야기를 창작한 것은 아닙니다. 베드로의 환상의 원래 의미는 누가의 기록과는 일치하지 않습니다. 원래 환상의 주안점은 유대인과 이방인 사이의 인간관계가 아니라 음식물의 정결법에 관한 것이었습니다. 이것이 유대인 원시 교회 공동체에서 문제가 되었으며 이는 예수의 전승에까지 거슬러 올라갑니다. 콘첼만은 베드로의 환상을 누가 이전에 고안된 것으로 보고 있습니다(Conzelmann, 1987: 44). 사도행전 10장에서 하나의 단순한 이야기가 이방 선교를 위한 하나의 원칙으로 고양되었는데 이를 누가의 작품으로 보는 것입니다. 이를 위하여 환상으로 넘어가고, 이후 환상에 대한 반복적인 설명, 베드로의 설교 그리고 11장에서 다시 반복되는데 여기에서 누가의 의도가 명백하게 드러납니다. 그 의도는 식탁 교제라는 주제입니다. 콘첼만은 식탁 교제의 문제가 고넬료의 회심 이야기에서 근본적으로 중요한 것으로 이해합니다. 11장에서 개인의 경우가 예루살렘 교회로 대표되는 전체 원시 교회 공동체의 주제가 됩니다. 여기에서 일반적인 원칙이 도출되고 15장을 준비합니다.

7. 뭉크(Johannes Munck)

베드로는 고넬료가 보낸 사람들이 욥바에 이르렀을 때 환상을 봅니다. 그 환상으로 부정한 것과 정결한 것의 차이를 폐지하게 됩니다. 고넬료에게 천사가 나타나고, 베드로가 환상을 통해 계시를 받고 성령이 베드로에게 명령하고 성령이 고넬료의 집에 있는 모든 사람들에게 내리는 이 모든 일들이 첫 이방인의 세례를 위하여 필요하였다고 뭉크는 이해합니다. 고넬료의 이야기가 각색이 되었다는 입장을 갖고 있는 학자들이 있으며 그것은 의심의 여지없이 사실입니다. 누가는 고넬료 설화를 근본적으로 중요성을 갖는 사건으로 취급했으며, 이를 이방인의 첫 선교에 대한 이야기로서 사도행전의 구조로 볼 때 이방 선교를 승인하는 예루살렘 회의 이전인 대단히 중요한 대목에 배치했습니다. 그 대신에 누가는 자신이 갖고 있던 자료를 면밀하게 조사하였습니다. 누가는 많은 자료들의 반복을 제거하여 빌립과 에티오피아 내시의 이야기처럼 이방인의 세례에 관한 아주 단순한 전설, 즉 고넬료의 이야기에 도달하게 되었습니다. 이와 같은 각색은 누가뿐이 아닙니다. 이방인과 예수의 만남이 기록된 마태복음 15:21 – 28이나 마가복음 7:24 – 30 역시 고넬료의 회심과 병행 구절이라고 할 수 있는 같은 경우에 해당됩니다. 마태복음에서는 이방인들도 하나님의 나라에 들어갈 수 있는지 아니면 예수는 오직 이스라엘 집의 길을 잃은 양들에게 보내심을 받았을 따름인지 문제됩니다. 그러나 마가복음에서는 아이들을 먼저 배불리 먹여야 한다는 예수의 말을 인용하고 있습니다. 이는 이방인들도 복음을 받아야 하나 그에 먼저 이스라엘 사람들에게 복음을 전한 이후라야 한다는 후대의 발전된 것입니다. 예수가 오직 이스라엘 집의 길을 잃은 양들에게만 보내졌듯이 베드로 역시 이스라엘에게 복음을 전하도록 명령을 받았습니다. 그러나 고넬료의 설화에서 성령이 그를 이방인의 집으로 가서 그곳에 모인 이방인들에게 세례를 주라고 명하였습니다. 복음서 기자는 가나안 여인의 설화를 각색하여 예수가 이방인 선교에 대한 교회의 토론에 관련된 것처럼 서술하였습니다. 마찬가지로 누가 역시 한 이방인과 그의 가족과 친구들의 세례 받음에 대한 설화를 각색하여 베드로를 이방인들에 대한 최초의 선교자가 되게 하였다는 것입니다. 이렇게 되어 원시 교회 공동체와 바울 사이에 이방인 선교를 두고 양자 간의 긴밀한 관계와 합의가 바울에 의해서처럼(갈 2: 7 이하) 누가에 의해 확인되었습니다(행 15:12 - 35). 예수의 경우처럼, 원시 교회 공동체의 예외적인 조치가 결정적 사건으로 전환되어 교회의 미래를 결정하였습니다. 그리고 이것은 누가 이전에 일어났음에 의심의 여지가 없습니다.

뭉크(Munck)는 고넬료 회심 사건이 단순한 전설에 불과하였으나 누가가 이방 선교를 다루기 위해 이를 각색하여 이방 선교를 공식적으로 인정한 예루살렘 회의 이전에 의도적으로 배치하였다고 주장합니다(Munck, 1967: 96). 그리고 고넬료 회심의 주역인 베드로를 가나안 여인과 만난 예수의 기사와 병행으로 연장선상에 놓았다고 이해합니다. 여기서 베드로의 환상은 이방인 선교가 하나님의 뜻임을 증거하는 수단에 불과합니다. 이방 선교와 관련한 베드로의 개인적인 심리나 갈등은 전혀 언급할 수조차 없는 상황입니다.

　　이상 지금까지 베드로의 환상에 대한 연구를 성서비평의 관점에 따라 다양하게 살펴보았습니다. 여기에는 누구나 예외 없이 동의하는 한 가지 공통점이 있습니다. 그것은 베드로의 환상은 유대의 정결법과 관련된 것으로 환상을 통하여 이방 선교에 대한 하나님의 뜻이 베드로에게 전달되었으며 그 결과 베드로가 환상에 나타난 하나님의 뜻을 따라 고넬료의 회심을 인도하였고 그로 인하여 이방인에 대한 선교의 문이 열렸다는 것입니다. 베드로의 환상이 이방인의 선교와 관련되어 있다는 점에는 어느 누구도 이의를 제기하지 않습니다. 여기서 베드로의 환상을 하나님의 초자연적 개입으로만 해석하였을 뿐 환상이 인간의 무의식의 정신활동이라는 의미의 내면의 심리적 환상은 전혀 고려하지 않았습니다. 지금까지 베드로의 환상에 대한 연구사는 모두 이런 관점에서 이루어져 왔습니다. 어느 누구도 베드로 개인의 내면의 심리적 관점에서 환상을 해석하지 않았습니다. 여기서 한 가지 분명한 사실을 짚고 넘어가야 하겠습니다. 언뜻 보면 베드로의 환상을 하나님의 지시나 초자연적인 메시지라고 본다고 해서 그의 내면의 심리적 현상과는 무관한 것이라고는 해석할 수 없다는 점입니다. 그것은 서로 모순되는 양자택일의 문제가 아닙니다. 베드로의 환상을 인간의 심리적인 활동의 영역으로 본다고 해도 인간의 모든 영역은 심리적인 영역을 포함하여 하나님께서 창조하신 영역 안에 포함되어 있기 때문입니다. 베드로의 환상을 하나님의 초자연적인 개입으로 해석한다고 해도, 베드로의 심리분석은 그 초자연적인 개입이 인간의 심리적 정신활동에서 어떻게 일어나는지에 대하여 이해하려는 시도라고 할 수 있기 때문입니다.

위에서 언급하였듯이 심리학적인 관점에서 보면 베드로의 환상
은 분명히 베드로 개인의 정신활동이며 무의식의 영역에 속하는
심리적 활동입니다. 그렇다고 하면 여기서 필자가 제기하고자 하는
문제는 자명해집니다. 이 책은 지금까지 베드로 환상을 연구한 신
학자들이 그래 왔듯이 베드로 환상에 관한 전승 자료의 역사성이
나 사회문화적 맥락 안에서 베드로의 환상을 해석하는 데에는 관
심이 없습니다. 이 책은 베드로 개인의 내면의 정신세계에 주목하
고자 합니다. 물론 베드로라고 하는 개인의 내면적 정신세계가 그
가 속한 당시 사회의 역사와 문화에 의해 영향을 받아 형성되기는
하였겠지만 포커스 자체를 베드로의 내면적 세계, 그중에서도 특히
환상이라고 하는 무의식의 정신현상에 집중할 것입니다. 즉 이방인
선교라는 원시 교회 공동체가 직면한 문제와 베드로의 무의식은
어떤 관계가 있는가? 뒤집어서 말하면 이방인 선교라고 하는 지극
히 예민하면서도 어려운 난제에 대하여 베드로 자신도 모르는 속
마음은 무엇이었는가? 또 이방인 선교에 대한 베드로의 속마음을
형성하게 한 당시의 역사적·사회적·문화적 요인들과 그 과정은
무엇인가? 또한 그것은 베드로가 살았던 갈릴리와 예수 공동체 안
에서 베드로의 정신세계에서 어떻게 형성되고 이후 베드로의 삶과
원시 교회 공동체에는 어떤 영향을 미치는가? 이 책은 이러한 질
문들에 대하여 분석심리학의 틀 안에서 대답하려고 합니다.

　베드로의 환상에 대한 심리학적 접근을 왜 필요로 하는가? 오늘
21세기에서 이방인 선교의 타당성에 이의를 제기하거나 부인하는
사람은 찾아볼 수 없다고는 하지만 과연 그럴까요? 그렇지 않습니
다. 이방 선교와 관련한 원시 교회 공동체의 논쟁은 오늘날에도

다른 모습으로 지속되고 있으며 이는 현대교회가 극복해야 할 과제라고 필자는 믿고 있습니다. 따라서 고넬료의 회심과 베드로의 환상을 원시 교회 공동체의 확장이라는 지나가 버린 과거의 역사를 탐구하기보다는 지금도 현재 진행형인 문제에 대한 내면의 세계를 탐구함으로 오늘날 교회와 구성원이 안고 있는 원시 교회 공동체의 상황을 극복하기 위한 대안을 시사하기 위한 것이라고 말할 수 있습니다.

제4장

예수 공동체와 베드로

1. 제자 베드로

1) 베드로

베드로 - 그 이름은 기독교인에게는 태산과 같이 오를 수 없는 까마득한 존재입니다. 도저히 다가갈 수 없는 성인 중의 성인이라고 할 수 있습니다. 예수의 수제자이며, 가톨릭교회의 초대교황입니다. 베드로의 원래 이름은 Simeon($\Sigma\upsilon\mu\epsilon\grave{\omega}\nu$)(사도행전 15:14) 혹은 Symeon($\Sigma\upsilon\mu\epsilon\grave{\omega}\nu$)(베드로후서 1.1)이며 이 이름은 유대인에게는 널리 사용되는 흔한 이름입니다. 그러나 복음서는 Simon($\Sigma\acute{\iota}\mu\omega\nu$)이라는 희랍식 이름을 사용하고 있습니다. 시몬이라는 이름은 히브리 이름 시므온을 희랍식으로 표기한 것이 아니라 원래부터 토속적인 희랍 이름입니다. 히브리 이름 시므온을 복음서 기자들이 발음이 비슷한 희랍어 시몬으로 표기했을 가능성도 있고 처음부터 히브리 이름과 희랍의 이름을 갖고 있었을지도 모르는 일입니다.

베드로는 이 이름 이외에도 게바(Kepha)라는 타이틀을 갖고 있었는데 이는 아람어로 돌 혹은 바위를 의미합니다. 게바는 유대인 사이에 사람 이름으로 사용되는 적절한 이름은 아니며 보통명사로 일반적인 의미를 갖고 있습니다. 따라서 게바라는 이름의 아람어 단어가 희랍어 문자로 그대로 표기되었으며 특히 바울 서신에서 그러합니다(갈 1:18, 2:9, 2:11, 14, 고전 1:12, 3:22, 9:5, 15:5). 때로는 게바(Κηφαν)가 희랍어인 Petros로 번역되기도 하였으며 바울은 단 한 번 이 이름을 갈라디아 2:7, 8에서 사용하였습니다. 복음서에서는 Simon, 때로는 Petros,10) 때로는 Simon Petros라고 불렀으며 시리아 역본에서는 Simon Kepha라고 사용하였습니다. 문제는 Kepha라는 단어가 희랍어로 번역되었다는 사실입니다. 고유명사는 번역되지 않는다는 점에서 Kepha가 Petros로 번역되었다는 것은 Kepha가 보통명사로 사용되었음을 알 수 있습니다(Cullman, 1952: 19). 베드로라는 이름이 오늘날 우리에게 아주 친숙한 고유명사로 사용되고 있기 때문에 게바라는 이름이 보통명사라는 사실을 쉽게 간과해 버립니다. 그러나 이 사실은 예수가 베드로에게 게바라는 칭호를 준 사실을 바르게 해석하기 위해서는 아주 중요하다고 하겠습니다.

예수는 그러한 칭호를 베드로에게뿐만 아니라 세베대의 아들들인 야고보와 요한에게 '천둥의 아들(Υἱοὶ Βροντῆς)'11)을 뜻하는

---

10) LXX 렘 4:29과 욥 30:6에서 Petra로 번역하였다. 이는 여성형으로 −a로 끝난다. 신약에서는 남성형으로 끝나는 −os를 사용하였다. 원래 Petra와 Petra에 근본적인 차이는 없다.

11) 복수형으로 사용되었다.

보아너게(Βοανηργές)라는 이름을 지어 주었습니다. 그렇다면 예수께서 베드로에게 게바라는 이름을 주신 뜻을 살리기 위해서는 게바를 우리에게 고유명사로 이미 굳어져 버린 베드로로 번역할 것이 아니라 반석이라는 의미로 번역하여야 할 것입니다. 그렇게 되면 우리는 그를 시몬 베드로(Simon Peter)가 아니라 시몬 반석(Simon Rock)으로 부르는 것이 보다 정확할 것입니다. 게바라는 이름이 예수가 베드로에게 지어 준 이름이라는 사실은 복음서의 모든 기록이 일치합니다. 그러나 그 이름을 지어 준 시기는 공관복음서와 제4복음서와는 차이를 보이고 있습니다.

막 8:27 이하에서 베드로는 빌립보의 가이사라에서 예수에 대하여 교회의 초석이 되는 유명한 그리스도 고백을 합니다. "그러면 너희는 나를 누구라 하느냐." 예수의 이 질문에 대하여 베드로는 "선생님은 그리스도이십니다(Σὺ εἰ ὁ Χριστός)."라고 고백합니다. 마태는 살아 계신 하나님의 아들(ὁ υἱὸς του Θεου του ζωντος)이라는 칭호를 추가하고 누가는 하나님의 그리스도(Τὸν Χριστὸν του Θεου)라고 기록하였습니다. 이에 대하여 예수는 마 16:18에서 베드로에게 "나도 너에게 말한다. 너는 베드로다. 나는 이 반석 위에다가 내 교회를 세우겠다(κάγὼ δὲ σοι λέγω ὅτι σὺ εἰ <u>Πέτρος</u>, καὶ ἐπὶ ταύτη τη <u>πέτρα</u> οἰκοδομήσω μου τήν ἐκκλησιάν)."라고 응답합니다. 여기서 베드로는 예수에게 '그리스도'라는 칭호를 예수는 베드로에게 '반석'이라는 칭호를 주었습니다.[12]

---

12) 그러면 예수는 베드로에게 복음서에 기록된 바와 같이 이 특정 상황에서 '반석'이라는 칭호를 주었는가? 이에 대하여는 논란의 여지가 있다. 막 3:16에 예수께서 베드로라는 이름을 지어 주신 시몬이 기록되어 있고 요 1:42에는 요한의 아들 시몬이니 장차 게바라 하리라 하시니라고 기록되어 있다.

그러나 요한복음에서는 조금 다르게 기록되어 있습니다. 세례요한의 제자였던 안드레가 먼저 예수의 제자가 되고 그의 형 시몬 베드로를 예수께 데려와 제자가 되게 합니다. 예수와 시몬의 첫 만남에서 예수는 요한의 아들 시몬에게 게바라고 부르겠다고 말씀하십니다(요 1:35 이하). 게바는 바로 베드로라는 말이지요. 제4복음서에서 예수를 그리스도라고 고백하는 것은 베드로가 아닌 안드레입니다(요 1:41).

마태복음 16:17에 의하면 베드로는 요나의 아들, 즉 시몬 바요나(Σίμων βαριωνα)이며 요나는 요한복음 1:42, 21:15에 기록된 요한의 아들 시몬(Σιμων Ἰωάννου)과 비교할 때 요한의 약어일 것입니다.[13] 베드로는 어부들의 고장인 갈릴리 벳세다 출신입니다. 이 지역은 비록 유대 땅이지만 주위에 이방인이 많아 이방 문화에 익숙한 지역입니다. 그러므로 벳세다 지역에서 자란 사람이라면 베드로를 포함해서 대부분은 희랍어를 어느 정도 이해하였을 뿐만 아니라 외국인과 희랍 문화를 접촉하여 세련되어 있었을 것입니다.[14] 이런 맥락에서 보면 사도행전 10장과 11장에 기록된 베드로는 보편적인 관점을 갖고 바울 신학과 크게 다르지 않고 있음을 보여주고 있는데 이는 그가 벳세다 출신이라는 사실과 관계가 있을 것입니다(Cullmann, 1952: 22). 물론 베드로는 유대의 랍비 교육이나 희랍의 정식 교육을 받지 못하였습니다.[15] 유대의 명문 가

---

13) 아람어 바요나(bar-yona)에는 또 다른 해석이 있다. 이 말이 요한이라는 이름과는 관련이 없으며 테러리스트와 같은 의미를 갖고 있다는 것이다. 이것이 사실이라면 베드로는 눅 6:15과 사도행전 1:13에 기록된 열혈당원 시몬과 가룟 유다처럼 열혈당원에 속해 있었을 것이다.

14) 그리스 사람이 몇이 갈릴리 벳새다 출신인 빌립에게로 가서 예수를 뵙기를 청한 기록(요 12:21)이 나온다.

문에서 태어나 정식으로 랍비 교육을 받은 바울과는 대조를 이루고 있지요. 후에 베드로는 가버나움으로 옮겨 그곳에서 자리를 잡고 살게 됩니다(막 1:29과 병행 구절). 예수께서는 가버나움에 있는 베드로의 집에 간혹 들리셨던 것 같습니다. 베드로는 어부였고 세배대의 아들들인 야고보와 요한과 동료로서 어업을 같이 영위했습니다. 베드로의 장모가 복음서에 언급된 것으로 보아 그는 결혼하였습니다. 베드로는 선교 여행을 아내와 동행하였다고 성서는 기록하고 있습니다(고전 9:5).

2) 예수 제자들 안에서 베드로의 위치

공관복음의 기록을 보면 베드로가 제자들 그룹에서 절대적이며 대단히 독특한 위치를 점하고 있습니다. 세배대의 아들들인 야고보와 요한과 함께 베드로는 자기의 동생 안드레와 더불어 12 제자들 중 가장 중심적인 위치를 차지하고 있습니다. 네 복음서에서 예수와 제자들의 대화, 그리고 사건은 철저하게 베드로를 중심으로 기록되어 있습니다. 공관복음서에서 이름이 한 번이라도 거론되는 예수의 제자들은 12명 가운데 베드로, 요한, 야고보, 안드레, 유다뿐입니다. 막 5:37에서 예수는 베드로와 야고보와 요한만을 회당장의 집에 따라오는 것을 허락하십니다. 또한 겟세마네 동산에서 기도를 하러 가실 때에도 예수는 베드로와 야고보와 요한만을 데리고 가

---

15) 사도행전 4:13에는 베드로와 요한이 본래 배운 것이 없는 보잘것없는 사람인 줄 알았다고 기록하였다.

셨습니다. 요한복음서에서는 이 5명의 제자들 이외에 빌립과 도마와 나다나엘이 단 한 번 등장합니다. 베드로와 함께 복음서에 등장하는 다른 제자들은 항상 베드로와 함께 등장합니다. 단독으로 등장하는 경우 그 역할은 유다의 배반처럼 부정적이거나 사소한 것들입니다. 그러나 베드로는 예수와 제자들과의 관계, 대화, 사건 속에서 항상 중심적이고 대표적인 위치를 차지하고 있습니다.

마가복음과 마태복음에서 베드로는 안드레와 함께 예수가 부른 첫 번째 제자입니다. 공관복음서에서 제자들의 이름이 나열될 때 항상 베드로가 첫 머리에 나옵니다. 마 10:2에서는 제자들의 이름을 나열하면서 베드로의 이름 앞에 '첫째로($\pi\rho\tilde{\omega}\tau o\varsigma$)'라는 수식어를 붙여서 그가 수제자임을 강조하고 있습니다. 눅 5:1 이하에서 예수의 지시를 따라 고기를 잡는 기사에서도 세배대의 아들들인 시몬 베드로의 동료들의 이름이 언급되어 있지만 시몬이 중심적인 역할을 합니다. 마태복음 14:22 이하에서 물 위로 걸어오는 예수님을 본 제자들 중에서 베드로만이 비록 실패하였지만 예수처럼 물 위를 걸어서 예수께로 갔습니다. 또 마가복음 8:27 이하에서 예수는 "그러면 너희는 나를 누구라고 하느냐?"고 제자들 모두에게 물으셨으나 베드로가 예수를 그리스도로 고백하였습니다. 또한 예수께서 높은 산에 올라가 영광스러운 모습으로 변모하는 사건에서도 베드로와 요한과 야고보만을 데리고 가십니다. 여기에서도 베드로만이 예수에게 초막 셋을 짓기를 제안하고 요한과 야고보는 마치 엑스트라처럼 아무런 역할을 하고 있지 않음을 알 수 있습니다.

또한 베드로는 여러 상황에서 모든 제자들을 대표해서 대변자로서 예수께 묻기도 하고 대외적으로 제자를 대표하기도 하였습니다.

마태복음 15:1 이하에서 바리새파 사람들과 율법학자들이 고수하는 장로의 전통에 대하여 예수께서 비유로 설명하시자 베드로가 비유의 의미를 설명해 달라고 요청합니다. 이에 대하여 예수는 제자들 모두에게 "너희도 아직 깨닫지 못하느냐? 입으로 들어가는 것은 무엇이든지, 뱃속으로 들어가서 뒤로 나가는 줄 모르느냐?"라고 말씀하셨습니다. 여기서 '너희도(ὑμεις)'는 2인칭 복수 대명사입니다. 마태복음 17:24 이하에서 성전세를 거두어들이는 사람들이 베드로에게 다가와서 '당신네 선생님이' 성전세를 납부하였는지 여부를 질문합니다. '당신네(ὑμων)'는 2인칭 소유격 복수 대명사입니다. 제자들 모두와 관련된 문제를 제자들의 대표자 격인 베드로에게 묻고 있음을 볼 수 있습니다. 또 마태복음 18:21 이하에서 베드로가 예수에게 몇 번이나 용서해 주어야 하느냐고 묻습니다. 이에 대하여 예수는 제자들 모두에게 비유를 들어 대답하시고 "너희가 각각 진심으로 형제나 자매를 용서하여 주지 않으면, 내 하늘 아버지께서도 너희에게 그와 같이 하실 것이다."라고 가르치셨습니다. '너희가 용서하지(ἀφῆτε)'는 2인칭 복수입니다. 마태복음 19:16 이하에서는 베드로가 모든 제자들의 대변자라는 것이 보다 분명하게 드러납니다. 어느 부자 젊은이가 많은 재산 때문에 예수를 따르지 못하고 근심하면서 떠나갑니다. 예수께서 이에 대하여 부자가 하나님의 나라에 들어가기가 매우 어렵다고 말씀하십니다. 이를 듣고 제자들 모두 매우 놀라서 누가 구원을 받을 수 있겠습니까 하고 질문합니다. 이때 베드로가 예수께 "보십시오. 우리는(ἡμεις) 모든 것을 버리고, 선생님을 따라왔습니다. 그러니 우리가(ἡμιν) 무엇을 받겠습니까?" 베드로는 모든 제자들이 묻고 싶은 질문을 그들을 대표해서 예수께 묻고 있습니다. 이에 대하여 예수는 '너희에게(ἡμεῖς)'라고 2인칭 복수로 대답하십니다. 그리고 마태복음 26:36 이하에서 예수께서 겟세마네로 베드로와 세배대의 두 아들을 데리고 가서 기도하십니다. 제자들이 자고 있는 것을 보고 예수는 베드로에게 말씀하십니다. 여기서도 세 명의 제자들을 상대로 베드로에게 말씀하십니다. 요한복음 22:7 이하에서 예수는 베드로와 요한을 보내어 유월절을 준비하도록 부탁하십니다.

제4복음서를 보면 베드로의 모습이 공관복음과는 조금 다르게 기록되어 있습니다. 공관복음서에서는 베드로의 위치와 역할이 절대적이며 다른 제자들은 거의 언급되지 않고 무시되고 있습니다. 그러나 요한복음에는 다른 제자들이 등장하여 제자들 안에서 베드로의 위치가 상대적으로 감소되어 기록되었다. 대표적으로 요한복음에서는 '예수께서 사랑하시던 제자(τῶν μαθητῶν, ὅν ἠγαμα ὁ Ἰησοῦς)'가 등장합니다. 요한복음 13:23 이하에서 그는 예수의 품에 기대어 앉아 있습니다. 예수께서 제자들 중 한 사람이 예수를 팔아넘길 것이라고 하자 베드로는 예수께서 사랑하시는 제자에게 고갯짓을 하여 누구를 두고 하시는 말씀인지 여쭈어 보라고 하였습니다. 그 제자가 예수의 가슴에 바싹 기대어 "주님, 그가 누구입니까?" 하고 물었고 예수께서 가룟 유다임을 밝히셨습니다. 왜 베드로는 예수께 예수를 팔아넘길 자가 누구인지 직접 묻지 않고 그에게 여쭈어 보라고 하였을까요? 공관복음이라면 베드로가 제자들을 대표하여 묻고 예수께서 모든 제자들을 향하여 대답하셨을 것입니다. 또한 요한복음 19:26 이하에서 예수는 십자가에 달려 돌아가시는 순간 예수의 어머니에게 예수께서 사랑하시는 제자를 어머니의 아들이라고 말씀하셨습니다. 또 그에게는 마리아를 그의 어머니라고 말씀하셨습니다. 그때부터 그 제자는 예수의 어머니를 자기 집으로 모셨다고 요한복음 기자는 기록합니다. 예수의 십자가 처형의 현장에서 이를 지켜본 예수의 제자는 베드로가 아니라 예수께서 사랑하시는 그 제자 단 한 사람뿐이었습니다. 요한복음 20:2 이하에서 그 제자는 베드로와 함께 부활의 아침 예수의 무덤에 도착합니다. 베드로보다 먼저 당도하였으나 무덤에는 베드로가 먼저 들어갑니다. 요한복음 21:7 이하에는 디베랴 바다에서 예수는 일곱 제자들에게 나타나셨고 이때 예수를 제일 먼저 알아본 사람이 바로 예수께서 사랑하시는 그 제자였습니다. 이렇듯이 제4복음서 기자는 베드로와 함께 '예수께서 사랑하시던 제자'를 제자들 중 예수와 가장 가깝고 예수의 심중과 교감할 수 있는 제자로 기록하고 있습니다. 또한 제4복음서에는 베드로와 예수께서 사랑하시던 제자 이외에도 빌립과 도마가 공관복음과는 달리 독립된 사건에서 등장합니다. 그리스 사람들이 예수를 뵙기를 빌립에게 청하고 있으며 부활하신 예수를 의심하는 도마의 기사가 상세히 기록되어 있습니다. 공관복음과는 달리 제4복음서에서 베드로의 위치가 수제자의 모습이 상대적으로 상당히 약화된 모습을 보여주고 있습니다. 이 사실을 요한복음 1:35 이하의 기록이 상징적으로 잘 표현하고 있습니다. 공관복음에서 베드로는 제자 중 첫 번째로 부름을 받은 제자였으나 여기서는 더 이상 첫 번째($\pi\rho\tilde{\omega}\tau o\varsigma$)가 아닙니다. 요한의 두 제자가 첫 번째로 예수를 따라가 제자가 되었고, 베드로는 그중의 한 사람인 동생 안드레의 권고와 소개를 받아 세 번째로 예수의 제자가 되었습니다. 또한 제4복음서에 의하면 공관복음과는 달리 베드로는 예수를 그리스도로 고백한 최초의 제자도 아닙니다. 베드로의 동생 안드레가 예수를 그에게 소개할 때 그리스도를 만났다고 말함으로써 안드레가 이미 예수가 그리스도임을 고백하고 있습니다. 베드로는 요한복음 6:66 이하에 의하면 나중에 이를 인정하는 것으로 기록되어 있습니다.

요한복음에서 베드로의 비중이 예수가 사랑하시던 제자에 의해 다소 감소된 것은 사실이지만 그렇다고 해서 제자들에서 차지하는 베드로의 비중이 줄어든 것은 아닙니다. 부활하신 예수는 요한복음 21:15 이하에서 베드로에게 세 번씩이나 목양을 부탁하십니다. 그리고 베드로가 순교할 것을 암시하십니다. 여전히 베드로는 좋은 일이든지 나쁜 일이든지 예수와 제자들 사이에서 일어나는 모든 사건에서 제자들의 대변인이며 대표자 역할을 하고 있음을 알 수 있습니다. 그렇다고 해서 베드로가 다른 제자들의 리더로서 활동했다는 의미는 아닙니다(Culmann, 1952: 31).

복음서에 기록된 베드로는 제자들의 대변인이며 대표자 역할을 수행함으로써 제자 중의 제자로 널리 인정을 받았다고 할 수 있습니다. 그러나 동시에 베드로는 제자들의 부정적인 행동과 처신에서도 제일 먼저 앞서갔습니다. 예수는 그에게 게바라는 이름을 주셨지만 그가 보여준 행동은 게바의 뜻처럼 반석과 같은 확고부동한 것은 아니었습니다. 물 위로 걸으신 예수를 보고 베드로는 담대하게 물속으로 뛰어들었으나 곧 두려워하여 물에 빠졌습니다. 예수께서 세 번씩이나 자신의 수난과 죽음을 예고하시었지만 그 의미를 이해하지 못하였습니다. 오히려 사탄이 예수를 막아선 것처럼 그 자신도 예수를 막아서는 걸림돌이 되었습니다. 그리고 베드로는 공관복음에서 예수를 그리스도라고 첫 번째로 고백하였지만 그는 수난과 죽음에 직면한 예수를 세 번씩이나 모른다고 부인하였습니다. 또한 예수의 일당이라고 체포되는 것이 두려워서 십자가 현장에 나타나지도 않았습니다. 복음서에 기록된 그는 충동적이며 열광적이며 열정적입니다. 그러나 동시에 약하고 때로는 비겁한 모습을 보여주고 있습니다.

2. 사도 베드로

예수의 수난과 부활 이후에 베드로에게 전혀 다른 상황이 전개됩니다. 지상의 예수가 승천한 이후 지상에 남겨진 그들은 이제 독자적으로 자신들의 삶을 헤쳐 나가야 했습니다. 베드로는 이제 예수에게 제자들을 대변하거나 대표할 수가 없었습니다. 이제는 제자들의 대변자나 대표자가 아니라 예수 공동체를 이끌어 가야 하는 지도자 역할을 하지 않을 수 없었습니다. 지상의 예수가 제자들과 같이 있었을 때 제자들의 대변자, 대표자 역할을 했던 베드로는 지상의 예수가 부재한 상황에서 원시 교회 공동체의 지도자 역할을 자연스럽게 담당하게 되었을 것입니다.

1) 원시 교회 공동체의 지도자

사도 베드로의 행적은 사도행전에 기록되어 있습니다. 간접적으로 고린도 전서와 갈라디아서에서 바울이 베드로를 언급하고 있기도 합니다. 특히 갈라디아서에는 이방인 선교를 둘러싸고 바울과 베드로의 충돌이 기록되어 있습니다. 이외에 베드로의 행적을 기록한 원시 교회 공동체의 산물이 있으나 여기서는 사도 베드로의 행적에 대한 자료는 전적으로 정경에 의존할 것입니다.

사도행전의 두 중심축은 말할 것도 없이 베드로와 바울입니다. 전반부는 베드로를 중심으로 예루살렘 교회의 성립으로부터 안디옥까지, 후반부는 바울을 중심으로 안디옥에서 로마 선교까지를 다루고 있습니다. 교회의 성립과 발전이라는 측면에서 본다면 사도행전은 지상의 예수가 승천한 때부터 교회의 기원과 예루살렘 교회의 성립과 발전, 이방 선교의 태동에서부터 정착까지 원시 기독교의 기원과 성립 발전을 단계적으로 기술하고 있습니다. 여기에서는 사도행전의 전반부에 나타난 사도 베드로의 모습을 살펴보고자 합니다.

지상의 예수가 승천한 후 제자들이 첫 번째로 한 일은 예루살렘 성 안으로 들어와 그들이 묵고 있던 다락방으로 올라가는 것이었습니다. 여기에 모인 제자들의 이름이 사도행전 1:13에 열거되어 있는데 역시 베드로가 첫 번째로 언급되어 있습니다. 즉 그들은 베드로와 요한과 야고보와 안드레와 빌립과 도마와 바돌로매와 마태와 알페오의 아들 야고보와 열혈당원 시몬과 야고보의 아들 유다 이렇게 모두 11명입니다. 제자들은 가룟 유다의 빈자리를 대신할 새로운 제자 맛디아를 뽑는데 이 과정을 역시 베드로가 주도하고 있습니다. 주목할 것은 이 무렵에 120명의 신도들이 모였는데 베드로는 단순히 제자들만이 아니라 120명의 신도들을 이끌어 가고 있다는 사실입니다. 베드로의 이러한 지도력은 어디에서 연유된 것일까요? 그는 예수가 수난의 고통에 처해 있을 때 예수를 세 번씩이나 모른다고 부인하고 도망친 비겁한 사람이었습니다. 그는 예수의 십자가 처형 현장에 있지도 않았습니다. 그런 베드로가 지상의 예수가 승천한 바로 즉시부터 그 이후 제자들을 포함하여 120명의 신도들 한가운데 일어서서 공석이 된 제자를 선택하는 일을 주도할 수 있게 한 그의 지도력은 어디에서 나온 것일까요? 누가복음 24:34에서 기록된 바와 같이 부활하신 예수께서 베드로에게 맨 처음으로 나타나셨기 때문이었을까요? 아니면 마태복음 16:13 이하의 기록처럼 예수께서 베드로 그 반석 위에 교회를 세우겠다고 하신 언약 때문이었을까요? 아니면 부활하신 예수가 디베랴 바닷가에서 베드로에게 세 번씩이나 목양의 당부를 하셨기 때문이었을까요? 분명한 것은 베드로는 지상의 예수가 부재하게 된 상황의 시작부터 원시 교회 공동체에서 지도자의 역할을 수행하였다는 점입니다. 이 시기 베드로의 지도력은 수제자로서 베드로의 위치가 예수 승천 이후에도 관행적으로 자연스럽게 이어졌다고도 볼 수도 있을 것입니다. 그리고 베드로의 지도력에 다른 제자들은 물론 그 어느 누구도 이의를 제기한 흔적을 찾아볼 수 없습니다.

이어서 베드로는 사도행전 2:14 이하에서 열한 사도와 함께 일어나서 성령 강림의 대폭발 속에서 오순절 설교를 군중에게 합니다. 사도들이 모두 일어섰으나 오직 베드로만이 설교를 하였습니다. 베드로의 설교를 듣고 마음에 찔림을 받은 사람들이 '베드로와 다른 사도들에게' 어떻게 해야 좋을지를 묻고 역시 베드로가 회개할 것을 그들에게 권합니다. 설교 그날 신도의 수가 약 삼천 명이나 늘었다고 기록하고 있습니다. 베드로가 전면에 나선 상태에서 원시 교회 공동체는 성령 대폭발을 경험합니다. 3장에서는 베드로가 앉은뱅이를 고치는 기적을 행합니다. 여기서 요한의 이름이 베드로와 함께 기록되어 있으나 기적을 행하는 주인공은 베드로입니다. 앉은뱅이는 성전으로 들어가려는 베드로와 요한을 보고 구걸을 합니다. 베드로와 요한 모두 그를 눈여겨보았고 앉은뱅이는 무엇을 얻으려니 하고 두 사람을 빤히 쳐다봅니다. 요한이 그에게 무엇을 어떻게 해 주었는지에 대하여는 전혀 언급이 없습니다. 베드로가 그를 나사렛 예수 그리스도의 이름으로 일어나 걷게 하였습니다. 그리고 솔로몬 행각에서 군중들을 앞에 놓고 설교를 통하여 회개와 죄 씻음을 촉구하였습니다. 사도행전 4:1에 베드로와 요한이 사람들에게 말하고 있었다고 기록하고 있으나 베드로의 설교만을 기록하고 있습니다.

아나니아와 삽비라 사건은 원시 교회 공동체 안에서 베드로의 지도자 위치가 절대적임을 확실하게 보여주고 있습니다. 아나니아는 재물을 베드로가 아니라 '사도들(ἀποστόλων)'의 발 앞에 놓았습니다. 사도들 중 베드로가 하나님의 이름으로, 주의 영의 이름으로 사도들 앞에서 아나니아와 이어서 삽비라를 치리하였습니다. 베드로의 치리로 그들은 하나님과 주의 영을 속인 죗값으로 '베드로의 발 앞(πρὸς τοὺς πόδας αὐτοῦ)'에 쓰러져서 죽었습니다. 여기서 베드로는 원시 교회 공동체의 지도자로서의 권위와 능력이 하나님으로부터 왔음을 분명히 하고 있습니다.

사도들이 많은 기적과 놀라운 일을 행하였으며 그들이 모두 한마음이 되어서 솔로몬 행각에 모이곤 하였으며 다른 사람들은 누구 하나, 감히 그들의 모임에 끼어들지 못하였습니다(행 5:12). 이는 원시 교회 공동체의 지도부가 베드로를 중심으로 일사분란하게 작동하고 있었다는 반증입니다. 이 시기에는 원시 교회 공동체의 어느 누구도 베드로의 지도력에 이의를 달거나 도전한 기록을 전혀 찾아볼 수 없습니다. 사도들이 모두 이적과 기사를 행하였다고 기록하고는 있으나 그 중심축은 역시 베드로입니다. 사도행전 기자는 사도들의 이적과 기사를 설명하면서 "베드로가 지나갈 때에, 그 그림자라도 그들 가운데 누구에게 덮이기를 바랐다(ἐρχομένου Πέτρου κἂν ἡ σκιὰ ἐπισκιάσῃ τινὶ αὐτῶν)."고 기록함으로써 예수와 버금가는[16] 베드로의 능력과 권위를 말하고 있습니다. 베드로의 권위는 사마리아 전도에서도 잘 나타납니다. 빌립의 전도로 사마리아 사람들이 하나님의 말씀을 받아들였다는 소식을 예루살렘에 있는 사도들이 듣고서 베드로와 요한을 그들에게로 보냅니다. 베드로는 요한과 더불어 그들에게 손을 얹어 성령을 베풀었습니다. 이 사실로 미루어 볼 때 손을 얹어 성령을 베푸는 것은 열두 제자들만이 할 수 있는 권능으로 원시 교회 공동체는 이해하고 있었다는 사실입니다(Culmann, 1952: 35). 즉 원시 교회 공동체는 전적으로 예루살렘 교회에 의존하고 있었으며 베드로가 이 시기에 예루살렘 교회의 지도자 역할을 하고 있었음은 의문의 여지가 없다 하겠습니다.

이후에도 베드로는 룻다를 방문하여 팔 년 동안이나 중풍병으로 자리에 누워 있는 사람을 고쳐 주고 욥바에 가서는 죽은 도르가를 다시 살리었습니다. 베드로가 죽은 도르가를 살리는 모습은 눅 7:11

---

16) 막 6:53 이하에 예수께서 게네사렛에서 병자들을 고치실 때 "사람들이 병자들을 장터거리에 데려다 놓고, 예수께 그 옷술만에라도 손을 대게 해달라고 간청하였다."

이하에서 예수가 죽은 과부의 아들을 다시 살리는 모습과 동일하게 기록하고 있습니다. 베드로는 도르가에게 "일어나시오(ἀνάστηθι)." 라고 말하고 예수는 죽은 과부의 아들에게 "일어나거라(ἐγέρθητι)." 라고 말합니다.

그리고 베드로는 고넬료를 만나면서 원시 교회 공동체의 이방 선교에 첫발을 내딛는 새로운 이정표를 만듭니다. 베드로와 고넬료는 서로 알지도 못할 뿐만 아니라 사회적 신분의 현격한 차이로 만날 수도 없는 상황입니다. 그러나 두 사람은 초자연적인 환상의 인도로 만나게 되고 베드로가 이방인 고넬료의 집에서 설교를 합니다. 베드로가 설교를 하자 그의 말을 듣는 모든 사람에게 성령이 내렸고 이방 사람들이 방언으로 말하고 하나님을 높이 찬양합니다. 그러자 베드로는 성령을 받은 이방인들에게 예수 그리스도의 이름으로 세례를 받게 합니다. 베드로가 처음으로 이방인에게 설교를 하고 세례를 주었다는 이방 선교의 소식이 예루살렘 교회의 사도들과 신도들에게 전해지자 그들은 할례받지 않은 이방인들과 교제를 했다는 이유를 들어 베드로를 비난합니다. 예루살렘 교회의 지도자인 베드로를 비난한 것으로 보아 그들은 베드로의 고넬료 회심 사건에 대하여 대단히 분개했던 것으로 보입니다. 그러나 베드로는 자신의 초자연적인 환상과 고넬료와의 만남을 하나님의 뜻으로 해석함으로써 이방인 선교의 정당성을 변호합니다. 그 결과로 베드로를 비난하였던 신도들은 잠잠해졌고 예루살렘 교회는 베드로의 이방 선교를 인정하였다고 기록하고 있습니다. 원시 교회 공동체 안에서 할례와 같은 유대의 전통을 그대로 따라야 한다고 주장하는 예루살렘 신도들은 이 문제를 이후에도 계속하여 제기합니다. 비록 예루살렘 회의에서 일부 유대 정통주의자들의 반대가 있었지만, 바울이 이 문제를 제기하고 베드로가 바울의 주장을 지지하고 야고보가 양측의 주장을 종합하여 바울과 베드로의 주장에 조건부 단서를 달아 결론을 내림으로써 일단락되었습니다. 그리고 이 회의에서 베드로는 할례받은 사람에게, 바울은 할례받지 않은 이방 사람에게 가도록 선교 영역의 분할 조정이 이루어지기도 했습니다.

여기서 원시 교회 공동체와 율법의 문제를 자세하게 살펴보기로 하겠습니다. 사실 원시 교회 공동체는 유대교의 한 종파로 시작되었습니다. 예수도 유대의 전통에 따라 팔일 만에 모세의 율법에 따라 할례를 받았으며, 또한 유대 회당에서 가르쳤습니다. 이렇듯 원시 교회 공동체는 자연스럽게 유대의 율법과 전통 속에서 배태되어 형성되었습니다. 원시 교회 공동체가 유대의 영역 안에서 머물고 있을 때에는 아무런 문제가 발생하지 않았습니다. 그러나 예루살렘 교회가 스데반의 순교 이후 박해를 받게 되고 사도들을 제외한 신도들이 유대 지방과 사마리아 지방으로 흩어지게 되었습니다. 바람에 날리는 민들레 홀씨가 정착한 곳에서 뿌리를 내리고 꽃을 피우듯이 역설적으로 박해를 피해 여러 곳으로 뿔뿔이 흩어진 신도들로 인해서 복음은 오히려 점차적으로 사마리아와 이방인들에게 확산 전파되는 계기가 되었습니다. 원시 교회 공동체는 땅끝까지 복음을 전파하라는 예수의 당부 말씀대로 점차 유대의 경계를 넘어 지중해 연안 소아시아 지역으로까지 성장하게 되었습니다. 원시 교회 공동체의 신도들도 처음에는 유대인들이었으며 이들 중에는 유대교에서 개종한 바리새파 사람들도 포함되어 있었습니다다. 이들은 모세의 율법을 그대로 지켰으며 율법을 지키지 않으면 구원을 받을 수 없다는 입장을 견지하였습니다. 그러나 점차 원시 교회 공동체가 유대를 벗어나 글로벌화되면서 디아스포라 유대인과 순수한 이방인들로 신도들이 구성되기에 이르렀습니다.

이들의 성향은 디아스포라 유대인이라 할지라도 외국에서 살고 있었고 헬레니즘 문화에 보다 익숙해 있던 사람들이라 유대의 모세 율법에 대하여는 비교적 너그러운 입장을 갖고 있었습니다. 순수한 이방인의 경우에는 당연히 모세의 율법을 지키는 것에 대하여는 전혀 관심이 없었을 것입니다. 이렇게 이질적인 신도들의 구성으로 원시 교회 공동체는 예루살렘 교회와 디아스포라 유대인과 이방인으로 구성된 교회로 양분되었습니다. 전자의 수장이 베드로와 야고보였으며 바울이 후자의 지도자 역할을 수행하였습니다. 양분된 원시 교회 공동체의 중심은 예루살렘 교회였습니다. 자연스럽게 유대의 전통을 중요시하는 유대인 신도들은 예루살렘 교회를 본거지로 원시 교회 공동체의 중심역할을 하게 되었습니다. 이 상황에서 구원을 받기 위하여 유대의 율법을 지켜야 하는 문제가 필연적으로 대두되게 되었습니다. 예루살렘 교회의 신도들은 율법의 문제를 금기의 차원으로 이를 수호하려고 하였습니다. 원시 교회 공동체가 유대의 영역을 넘어서 복음의 세계화로 발전하는 과정에서 유대 전통의 고수와 율법을 낡은 틀에서 벗어나려는 새로운 패러다임이 격렬하게 충돌하고 심각한 갈등을 겪게 됩니다. 이 갈등에서 첨예하게 대립되는 이슈 중의 하나가 모세의 율법이 규정한 할례 문제와 이와 관련되어 이방인 문제가 가장 뜨거운 감자로 대두하게 된 것입니다. 이러한 배경 아래 예루살렘 회의와 갈라디아서 2장에 기록된 안디옥 사건이 발생하게 됩니다.

이 무렵 헤롯왕이 요한의 형 야고보를 죽이고 베드로까지 체포하여 감옥에 가두는 사건이 발생하였습니다. 그는 유월절이 지나서 베드로를 백성 앞에 끌어내어 처형할 속셈이었던 것입니다. 원시 교회 공동체로서는 위기가 아닐 수 없었습니다. 교회는 옥에 갇힌 베드로를 위하여 하나님께 간절히 기도하였습니다. 베드로는 주의 천사의 도움으로 감옥에서 놓여나게 되고 그 사실을 야고보와 다른 신도들에게 알리라고 말한 후 거기서 떠나 '다른 곳으로(εἰς ἕτερον τόπον)' 갔습니다. 다른 곳이 정확하게 어느 곳인지는 알려지지 않았습니다. 다만 안디옥일 것이라고 추정하고 있을 뿐입니다. 여하튼 이 사건 이후 베드로는 단 한 번 15장에 기록된 예루살렘 회의에 나타날 뿐 이후 사도행전의 기록에서 완전히 사라지게 됩니다. 사도행전 전반부에 비하면 쓸쓸할 정도로 사라집니다. 이 사실을 보면 이때에는 이미 예루살렘 교회 안에서 베드로의 지도력이 상실되었고 지도자로서 위치가 약화되었을 것입니다. 원시 교회 공동체의 지도력이 예수의 동생인 야고보로 이동하는 과정에 있었을 것이라는 사실을 쉽게 짐작할 수 있습니다. 베드로는 다른 곳으로 가면서 자신이 감옥에서 천사의 인도로 놓여남을 야고보에게 알리라고 부탁한 사실이 이를 강하게 뒷받침하고 있습니다.

이후에도 할례로 대표되는 유대의 전통 율법을 지켜야 한다고 주장하는 예루살렘 교회의 사람들은 바울과 계속 충돌합니다. 그럴 수밖에 없는 것이 바울의 선교 지역은 이방인 지역이었고 신도들이 디아스포라 유대인과 이방인들이었기 때문에 유대의 전통에 진보적인 입장을 갖고 있었기 때문입니다. 예루살렘 교회의 할례파

신도들은 바울의 선교 지역에 내려와 모세의 규례를 강조하고 이 방인들도 할례를 받아야 구원을 얻을 수 있다고 가르쳤습니다. 이런 가르침을 받은 이방인 신도들은 혼란에 빠졌을 것이지요. 유대의 전통을 준수해야만 구원을 얻을 수 있느냐 그렇지 않느냐 하는 구원의 본질적인 문제에 관한 것이기 때문입니다. 이 혼란을 수습하기 위하여 안디옥 교회가 바울과 바나바와 신도 몇 사람을 예루살렘 교회에 파견합니다. 바울은 예루살렘 교회의 사도들과 장로들을 상대로 이 문제를 매듭지으려 하였습니다. 이렇게 해서 예루살렘 회의가 열리게 되었습니다.

할례 문제는 모세의 또 다른 율법인 이방인 금기와 연결되어 이방인 선교 문제와 맥을 같이합니다. 15장에 기록된 예루살렘 회의에서는 이방인에 대한 복음 전도의 타당성이 주로 논의됩니다. 할례를 지키지 않는 이방인들에게 복음을 전도할 수 있느냐 하는 것입니다. 예루살렘 회의에서 베드로는 이방 선교의 장애로 등장한 할례와 율법의 준수 문제를 두고 자신이 이방인 고넬료에게 복음을 전한 것은 하나님의 뜻임을 강조하면서 율법의 멍에를 그들에게 강요할 수 없다는 바울의 입장을 공개적으로 지지하였습니다. 여기에서 예루살렘 회의의 진행 과정을 보면 먼저 사도들이 문제를 토론하고 이어서 베드로가 변호를 하고, 바울과 바나바가 자신들의 선교활동을 보고합니다. 이후 야고보가 이 문제에 대하여 종합적으로 결론을 내리고 필요한 조치를 취하는 것으로 되어 있습니다. 베드로는 제기된 문제에 대하여 바울의 입장을 지지하는 변호를 하고 야고보가 베드로의 발언을 지지하여 최종 결론을 내리는 형식입니다. 이 과정을 보면 이때는 이미 예루살렘 교회 공동체의 중심 지도력이 베드로로부터 예수의 동생인 야고보로 이동되었음을 알 수 있습니다.

2) 선교자 베드로

예루살렘 교회 공동체의 지도력이 베드로에서 야고보로 이동되어 갔다고 해서 마치 정권교체와 같은 권력의 이동으로 보는 것은 무리입니다. 쿨만은 그것을 지도력의 이동이 아니라 지도력의 분할 조정으로 해석합니다(Culmann, 1952: 41). 원시 교회 공동체는 두 가지 과제를 안고 있었습니다. 하나는 복음 선교이었습니다. 예수의 명령을 따라 예루살렘과 땅끝까지 복음을 전하는 일로서 너무나 당연한 일이라 하겠습니다. 다른 하나는 이와 같은 복음 선교의 결과 늘어난 신도들과 넓어진 선교 지역의 문제를 조직적으로 관리하는 일이었습니다. 이때만 해도 교리와 교회의 조직이 제대로 틀을 갖추지 못했고 박해 때문에 공개적으로 조직을 관리할 수도 없었습니다. 복음 선교와 교회 조직의 관리 문제는 이질적인 문제였기 때문에 한 사람이 모두를 담당하는 것은 적절하지 않았을 것입니다. 복음 선교를 위하여서는 끊임없이 예루살렘을 떠나 여러 지역으로 여행을 해야 했었지만 반면에 교회의 조직 관리를 위해서는 원시 교회 공동체의 중심이었던 예루살렘을 비우기 어려운 형편이었을 것입니다. 스데반의 순교 이후에 예루살렘 교회가 크게 박해를 받기 시작하여 신도들이 예루살렘에 머물 수가 없게 되었습니다. 그 결과로 복음 선교는 시리아와 이방 선교로 옮아갈 수

밖에 없었고 이 과정에서 베드로는 선교의 중심 역할을 하였습니다. 그는 요한과 더불어 사마리아를 방문하여 복음을 전하였고 모든 지방을 두루 다니며 특히 룻다, 샤론, 욥바, 가이사랴를 방문하여 복음 선교의 지평을 유대에서 이방인으로 확대하였지요. 이런 복음 선교 여정에서 베드로는 사도로서 자신의 활동 영역을 예루살렘 교회의 행정과 관리보다는 복음 선교에 치중하였을 것입니다. 베드로는 교회 조직의 관리자보다는 복음 선교에 보다 적합한 인물이었습니다.

예수의 승천 이후 베드로는 오순절 다락방 설교에서부터 고넬료에 대한 복음 전도에 이르기까지 복음 선교에 지도력을 발휘하였습니다. 따라서 예루살렘 교회를 중심으로 원시 교회 공동체가 점차적으로 확대됨에 따라 원시 교회 공동체를 이끌어 가는 두 영역, 즉 공동체의 관리와 지속적인 복음 선교로 지도력이 분산되었습니다. 야고보는 육친으로 예수의 동생이라는 사실이 지도력에 필요한 카리스마의 장점으로 부각되었을지도 모르겠습니다. "베드로가 이 사실을 야고보와 다른 신도들에게 알리시오(행 12:17)." 하고 거기에서 떠나 다른 곳으로 갔다는 구절이 야고보와 베드로의 기능 분할 조정의 결과라고 볼 수 있습니다. 다른 곳(ἕτερον τόπον)의 지명이 구체적으로 어느 곳이든지 베드로의 선교지였을 것임에는 틀림이 없습니다.[17] 이를 뒷받침하듯 고전 9:5에 베드로가 아내를 데리고 다녔다고 기록하고 있습니다. 또한 갈 2:1 이하에서 바울은 할례받지 않은 사람에게, 베드로는 할례받은 사람에게 복음을 전하기로 분담하였다고 기록하고 있음을 볼 때 예루살렘 회의를 전후

---

17) Acts of Peter에는 실제로 베드로가 광범위한 선교 여행을 하였음을 기록하고 있다.

하여 베드로는 예루살렘 교회 공동체의 지도자 역할을 야고보에게
넘기고 자신은 선교에 전념한 것으로 보입니다. 이런 상황을 반영
하여 바울은 갈 2:9에서 교회의 기둥으로 인정받는 사도들을 야고
보와 게바와 요한이라고 말하고 있으며 야고보를 게바보다 앞에
첫 번째로 언급하고 있습니다.

　이와 같은 사실은 안디옥에서 바울이 게바를 나무라는 갈 2:11
이하에서 보다 분명하게 드러나고 있습니다. 여기서 잠간 예루살렘
회의로 다시 돌아가 보겠습니다. 바울의 요청에 의하여 소집된 예
루살렘 회의에서 바리새파 출신 유대인 신도들과 바울의 입장이
정면으로 충돌합니다. 사도들과 장로들이 이 문제를 두고 토론을
많이 한 후에 베드로가 고넬료의 회심을 예를 들어 바울의 입장을
지지하는 연설을 했습니다. 이어서 바울과 바나바가 자신들의 입장
을 변호한 후에 야고보가 최종 결론을 내리게 됩니다. 여기서 야
고보는 바울의 입장을 조건부로 지지하면서 동시에 바리새파 출신
유대인 신도들의 주장을 일부 수용하는 이른바 타협안을 제시합니
다. "하나님께로 돌아오는 이방 사람들을 괴롭히지 말고, 다만 우
상에게 바친 더러운 음식과 음행과 목매어 죽인 것과 피를 멀리하
라고 하는" 일종의 타협안인 셈입니다. 바울의 입장을 지지하면서
유대의 정결법을 조건으로 묶어놓았습니다. 양측의 입장을 절묘하
게 수용한 타협안입니다. 그러나 이방인 선교와 유대의 율법과의
연결 고리를 완전히 없애지는 못했습니다. 여기에서 보듯 이방인
복음 선교와 모세의 율법을 지키는 문제가 어느 정도 정리가 된
듯했지만 뿌리 깊은 갈등은 사라지지 않았습니다. 이와 같은 상황
을 단적으로 보여주는 것이 바로 안디옥 사건입니다.

안디옥 사건의 전말은 이렇습니다. 야고보가 파견한 예루살렘 교회의 사람들이 안디옥을 방문하게 되었습니다. 야고보가 무슨 목적으로 사람들을 파견하였는지 자세하게 기록되어 있지 않으나 선교 지역의 교회를 방문하고 교리나 행정적인 면에서 조사하거나 지도하려는 것이지 않았을까요? 그때 베드로는 안디옥에 있었고 이방 사람들과 식사를 하고 있었습니다. 야고보가 예루살렘 교회에서 온 사람들이 안디옥에 도착하자 베드로는 '할례받은' 그 사람들을 두려워하여 그 자리를 떠나 물러났다고 바울은 주장합니다. 유대인 베드로가 이방인과 식사를 같이한다는 구실로 책잡힐 줄 모른다는 두려움 때문이었다는 것입니다. 이를 두고 바울이 공개적으로 사람들 앞에서 베드로를 비난하였습니다. 바울은 베드로를 위선자라고 비난하면서 "당신은 유대 사람인데도 유대 사람처럼 살지 않고 이방 사람처럼 살면서, 어찌하여 이방 사람더러 유대 사람이 되라고 강요하느냐."며 통렬하게 항의합니다. 이러한 내용이 갈라디아서 2장에 자세하게 기록되어 있습니다. 이에 대한 베드로의 답변이나 대응은 기록된 것이 없습니다. 그래서 바울의 일방적인 주장일지도 모르겠습니다. 분명한 것은 원시 교회 공동체 안에서 이방인과 율법의 준수 여부를 둘러싼 갈등이 있었다는 사실입니다. 여기서 야고보는 교회의 지도자로, 베드로는 자신의 행위를 당당하게 변호하지 않고 말과 행동이 다른 그래서 뒤로 숨어 버리는 비겁한 사람으로 묘사되고 있습니다. 베드로는 지도자가 아니라 지도를 받아야 하는 대상으로 그려지고 있는 것입니다. 이 시기에 보여주는 베드로의 모습은 안디옥 사건의 진위를 떠나서라도 초기 원시 교회 공동체 안에서 보여주었던 예수와 버금가는 절대적 카리스마를 찾기 어려운 사정임을 미루어 짐작할 수 있습니다.

안디옥 사건에서도 볼 수 있듯 예루살렘 회의 결정으로 유대인 신도들과 이방인 신도들 간의 갈등이 완전히 사라진 것은 아니었습니다. 사도행전 11:19에 스데반에게 가해진 박해 때문에 원시 교회 공동체의 많은 사람들이 예루살렘에 더 이상 머무를 수가 없어 여러 곳으로 흩어졌고 그중 일부는 안디옥까지 갔습니다. 그러나 그들은 이방인 지역에 가서도 이방 사람들에게는 복음을 전하지 아니하고 그곳에 사는 "유대 사람에게만 말씀을 전하였습니다." 이들이 안디옥으로 이주한 시기와 베드로가 고넬료에게 복음을 전하고 이방 선교의 당위성을 예루살렘 교회에 보고한 시기 중 어느 것이 먼저이고 나중인지는 확실하지 않습니다. 그러나 이들이 안디옥에서 디아스포라 유대 사람에게만 말씀을 전하였다는 것을 보면 이방인 선교에 대하여 여전히 폐쇄적인 입장을 견지했던 바리새파 출신 유대인 신도들이었을 것입니다. 갈라디아서에 기록된 베드로와 바울의 갈등을 보면 그들은 이방 선교에 대한 예루살렘 교회의 결정을 어쩔 수 없이 받아들이긴 하였지만 그들 생각에 유대교의 전통과 원시 교회 공동체의 통합을 위해서 꼭 필요하다고 생각되는 원칙들에 대하여는 타협하지 않은 강경하고 단호한 입장을 여전히 견지했던 것으로 보입니다.

그러나 바울은 복음 전도를 위하여 이방인이라 할지라도 그 대상을 가리지 않았으며 심지어는 유대인의 공공의 적이라고 할 수 있는 로마인들까지도 포용하려는 개방정책을 펼쳤습니다. 반면 스데반의 죽음 이후 예루살렘을 떠나 안디옥에 새로 들어온 유대인 교회 공동체는 그들이 갖고 있는 유대교 전통을 고수하려 했습니다. 그들에게 메시아는 유대인의 메시아였습니다. 이는 원시 교회 공동체가 유대교의 한 종파에서 출발하여 유대의 장벽을 넘어 이 방인 선교를 통하여 복음의 세계화로 확대 발전하는 과정에서 유 대 전통의 고수와 새로운 패러다임의 등장 사이에 겪어야 할 피할 수 없는 갈등이라고 할 수 있겠습니다. 이러한 전환기의 갈등 구 조에 베드로가 그 중심에 끼어 있었으며 그와 같은 갈등의 현장이 바로 안디옥[18]이라고 할 수 있습니다. 이 갈등은 예루살렘 회의에 서 좌장인 야고보가 이방 선교의 당위성을 선포하면서 동시에 유 대교 율법의 꼬리표를 완전히 떼지 못하고 일부 조건부로 남겨 놓 았을 때 이미 배태되었다고 할 것입니다.

예루살렘 교회가 유대인의 선교를 베드로에게, 이방인의 선교를 바울에게 각기 분담하여 조정하였습니다. 그러나 선교 현장에서는 현실적으로 이질적인 두 그룹을 무 자르듯이 분명하게 구별할 수 없었을 것입니다. 두 그룹을 분리하는 것 자체가 현실적으로는 쉽 지 않았을 것입니다. 어떤 의미에서 보면 선교 영역을 분리하였다 는 것 자체가 유대인과 이방인의 분리와 갈등의 문제를 전제로 하 는 것입니다. 원시 교회 공동체는 교회 안에 디아스포라 유대인을 포함한 유대인과 이방 신도들이 혼재해 있었을 것이며 엄격한 의 미에서 유대인이나 이방인만이 출석하는 교회는 실재로 거의 없었 을 것입니다(Culmann, 1952: 45). 바울 자신이 유대인임을 그의 서

---

18) 안디옥(Antioch of Syria): Orontes 강에 세워진 도시로 지금의 터키 지역이다. 주전 300
   년 Seleucus Ⅰ.에 의해 건설되어 헬라 시대에 발전함. 곡식과 올리브, 포도와 생선이 풍
   부하였고 군사 요충지로서 로마 제국에서 로마와 알렉산드리아 다음으로 세 번째 큰 도시
   였다. 인구는 60만으로 추산되고 아름답고 상업과 문화, 정치적으로 중요한 도시였다. 유대
   인은 도시가 초기에 형성되기 시작한 때부터 거주하였으며 마태복음이 안디옥에서 기록되
   었을 것으로 추정한다.

신에서 밝히고 있는 점과 디아스포라 유대인들은 당시 어느 곳이나 진출해 있었던 사실을 살펴보면 당시 규모가 비교적 큰 초기 교회 공동체 안에 유대인이 전혀 없는 이방인들만의 교회 역시 없었을 것입니다. 왜냐하면 이방인들이 복음을 받아들인 후에는 이미 설립된 유대인 교회 공동체에 합류했기 때문입니다. 이렇게 유대인과 이방인이 초기 교회 공동체 안에서 공존하고 있을 수밖에 없는 현실이 예루살렘 회의에서는 고려되지 않았거나 무시되었을 것입니다. 따라서 유대인과 이방인의 갈등이 피할 수 없는 현실로 안디옥에서 나타난 것이라고 할 수 있겠습니다.

사도행전 15장의 예루살렘 회의와 갈라디아서 2:1 이하 바울의 기록은 동일한 사건을 자세하게 기록하고 있는 것으로 보입니다. 그러나 두 텍스트 사이에는 부정할 수 없는 명백한 차이가 있습니다. 갈라디아서 2:1에는 바울이 예루살렘으로 간 것은 계시를 따른 것이었다고 기록되어 있습니다. 이에 반하여 사도행전 15:2는 할례와 구원의 상관관계에 대한 유대인 신도와 바울과 바나바 사이에 적지 않은 충돌과 논쟁 문제를 해결하기 위하여 안디옥 교회가 바울과 바나바를 예루살렘으로 파견하였다고 기록되어 있습니다. 또한 갈라디아서에는 이방인의 할례 문제와 관련하여 교회지도자들이 바울에게 어떠한 제안도 하지 않았으며 예루살렘 교회의 기둥으로 인정받는 야고보와 게바와 요한도 이를 인정하고 친교의 악수까지 하였다고 기록하고 있습니다. 바울은 여기서 그들이 요구한 것은 가난한 사람을 기억해 달라고 한 것뿐이라고 언급함으로써 예루살렘 교회의 지도자들이 이방인의 할례 논쟁과 관련하여 그에게 아무런 제안이나 요구를 하지 않았음을 분명하게 말하고 있습니다. 그러나 사도행전의 기록은 이방인 신도들에게 모세의 율법의 굴레를 씌우지 말라는 원칙을 인정하면서도 다만 이방인들에게 편지를 보내서 "우상에게 바친 더러운 음식과 음행과 목매어 죽인 것과 피를 멀리하라."는 최소한 규례를 지킬 것을 명하고 있습니다. 갈라디아서는 이방인의 할례 문제가 조건 없이 깨끗하게 정리되었다고 기록하고 있으나 사도행전의 기록은 이방인의 유대 율법의 준수 문제라는 꼬리표를 남겨 놓아 여전히 문제가 될 불씨를 안고 있다고 하겠습니다.

이 기록만을 놓고 본다면 여기에서 베드로는 더 이상 원시 교회 공동체의 지도자가 아니라 복음의 전도자일 뿐입니다. 사도행전에서 사도들과 장로들이 먼저 토론을 하고 이어서 베드로가 자신의 의견을 피력한 후에 바울과 바나바가 자신들의 입장을 변호하고 끝으로 야고보가 예루살렘 교회의 입장을 칙령의 형식으로 최종 정리하는 방식으로 이루어졌습니다. 사도행전 앞부분에 베드로가 교회의 지도자로서 기록되어 있으나 여기서는 공동체의 지도자로서 야고보가 부각되어 있습니다. 갈라디아서에는 사도행전에서보다 베드로의 위치가 더욱 약화된 모습을 보여주고 있습니다. 바울이 기록한 갈라디아서의 안디옥 사건 기록만을 놓고 보면 여기서 베드로는 예루살렘 모 교회의 치리를 두려워하는 일면 비겁하고 일면 약한 모습을 보여주고 있습니다.

3) 이방 선교와 베드로

예루살렘 회의에 나타난 베드로의 이방 선교에 대한 입장은 교회의 지도자인 야고보보다는 오히려 바울에 가깝다고 할 수 있습니다. 그는 이방인 신자들에게 모세의 율법을 지키도록 강요하는 것을 감당할 수 없는 멍에라고 규정하고 하나님을 시험하는 것이라고 규탄하였습니다. 그리고 베드로는 바로 그 자신이 하나님의 택함을 받아 이방 선교를 시작했다고 주장하면서 구원은 율법의 준수로서가 아니라 주 예수의 은혜임을 설파하고 있습니다. 베드로의 주장에 온 회중이 조용해졌다는 것을 보면 그에 대한 카리스마가 여전히 식지 않고 있음을 알 수 있습니다.

이러한 베드로의 확고한 신념이 갈라디아서의 안디옥 사건에서는 정반대의 모습을 보여주고 있습니다. 베드로는 이방 사람들과 식탁 교제를 나누고 있다가 예루살렘 교회가 파견한 할례파 사람들이 오자 그 사람들을 두려워하여 그 자리를 떠나 물러났다고 바울은 기록하고 있습니다. 베드로는 왜 그랬을까요? 복음서에 기록된 베드로의 모습 - 예수를 감옥과 죽음까지 따라가겠다고 선언하고 하루도 지나지 않아 곧바로 예수와 한패로 체포될 것을 두려워하여 세 번씩이나 예수를 모른다고 부인한 베드로의 모습이 또한 여기에서도 재현된 것일까요? 아니면 말 못 할 사정이 있는가요? 베드로의 정황을 우리는 참작하여야만 하는가요? 베드로의 입장에서 이 문제를 생각해 봐야 하지 않을까요?

이전에 원시 교회 공동체의 초대 지도자였던 베드로가 지금에 와서는 그 자신도 선교의 지도자로서 야고보에 의존해야 하는 상

황에서, 야고보가 보낸 사람들을 놓고 바울보다 오히려 베드로가
곤란하며 곤혹스러운 입장에 처해 있었기 때문일까요? 이에 대하
여 베드로가 어떤 입장을 밝혔는지 자신의 서신이나 혹은 바울이
기록한 다른 서신에서 전혀 기록되어 있지 않습니다. 또한 베드로
의 전도 여행에 대하여 바울처럼 자세히 언급된 기록도 남아 있지
않습니다. 그러나 여기서 한 가지 추론할 수 있는 것은 원시 교회
공동체 안에서 베드로가 바울보다는 이방인 전도와 유대 율법의
타협과 조정이라는 측면에서 훨씬 더 어렵고 힘든 위치에 있었다
는 분명한 사실입니다.

이방 선교에 대한 바울의 입장은 분명하고 타협의 여지가 전혀
없습니다. 그는 자신의 사명을 할례받지 않은 사람에게 복음을 전
하는 것이라며 복음 선교의 시작부터 율법의 문제를 넘어서고 있
음을 확실히 하고 있습니다. 그는 원시 교회 공동체에서 자신의
영역을 분명히 설정하고 그것을 지키기 위하여 분명하고 타협하지
않는 단호한 입장을 취합니다.

이에 반하여 베드로의 입장은 바울처럼 그렇게 단순하지는 않습
니다. 그는 원시 교회 공동체의 초대 지도자였으며 예수의 제자로
서 중심적인 위치에 있었습니다. 그는 오순절 성령 강림을 주도하
였고 원시 교회 공동체의 형성에 절대적인 카리스마를 갖고 지도
자로서 주도하였습니다. 또한 베드로는 이방 선교의 출발점이 바로
자기 자신이라고 말하고 있습니다. 그는 이방인 고넬료의 집에 머
무르며 설교를 하고 세례를 주어 원시 교회 공동체에서 이방 선교
의 지평을 열었던 인물입니다.

그러나 원시 교회 공동체의 지도자가 야고보로 교체되는 과정과

궤를 같이하여 원시 교회 공동체의 유대인 신도 그룹과 이방인 신도 그룹 양자로부터 공격을 받습니다. 유대인 신도들은 베드로가 이방 신도와 식탁 교제를 한 것을 두고 그를 공격하고 바울은 베드로가 이방인과의 식탁 교제에 보다 분명하고 단호한 입장을 버리고 자신이 믿는 바를 행하지 않고 위선적인 행동을 했다고 비난합니다. 전자 유대인 신도들의 공격에 대하여 베드로는 이방 선교에 대한 자신의 신학적인 입장을 분명하게 설명하여 그들을 설득하였던 것처럼 보입니다. 그러나 이 문제는 사도행전 15장의 예루살렘 회의 이후에도 원시 교회 공동체에서 반복적으로 불거집니다. 후자 바울의 공격에 대하여 베드로의 입장이나 반론은 성서에 기록되어 있지 않습니다.

그러나 우리는 추론할 수는 있습니다. 원시 교회 공동체의 유대인 신도와 이방인 신도의 이질적인 구성의 양자를 조정할 수 있는 인물로서는 베드로가 가장 적임자였을 것이라는 사실입니다. 그렇다고 한다 하더라도 서로 대립적이며 이질적인 원시 교회 공동체 구성원을 중간에서 조정하고 하나로 묶는 작업 그 자체는 무척 힘든 과제였을 것입니다. 종종 양측으로부터 공격과 비난을 감수했어야 하는 베드로의 입장을 어렵지 않게 짐작할 수 있습니다. 원시 교회 공동체의 지도자인 야고보는 이방인 선교에 직접 관여하거나 참여한 기록은 성서에 없습니다. 예루살렘 회의에서 보여준 이방 선교에 대한 야고보의 입장은 원시 교회 공동체의 지도자로서 중립적입니다. 그러나 베드로는 사정이 다릅니다.

그는 유대인에게 복음을 전하였으며 또한 이방인 선교의 지평을 열었습니다. 그가 원시 교회 공동체의 절대 카리스마적인 지도자였을 때에는 아무도 그에게 도전하지 않았습니다. 그러나 예루살렘 교회의 지도력이 야고보로 옮아가는 과정에서 그는 양쪽으로부터 비난과 공격을 받았습니다. 예루살렘 회의 이후 베드로가 어디에서 누구를 상대로 복음을 전파하였는지에 대하여는 기록이 거의 없습니다. 그는 아내를 데리고 전도여행을 다닌 것은 바울의 기록으로 보아 분명합니다. 그리고 베드로전서 1:1에서 본도(Pontus)와 갈라디아(Galatia)와 갑바도기아(Cappadocia)와 아시아(Asia)와 비두니아(Bithynia)와 같은 소아시아 지명이 언급된 것으로 보아 그가 그곳에서 선교활동을 했었을 것이라는 추론을 가능하게 합니다. 그러나 이외에는 그의 선교를 포함한 행적이 정경에서는 사라집니다.

제5장
사회문화적 공동체와 베드로

1. 갈릴리와 베드로

베드로의 환상에 나타난 내용과 이미지는 유대의 정결법과 유대의 이방인에 대한 거부와 원시 교회 공동체의 이방 선교와 깊이 연관되어 있습니다. 그런데 이들 문제는 베드로 개인에게 국한되는 특정 경험만은 아닙니다. 그것은 베드로가 속한 이스라엘 공동체와 원시 교회 공동체 문화의 문제이며 그것으로부터 연유된 것입니다. 이것은 예수가 말씀한 대로 "하나님의 계명은 버리고 사람의 전통을 지키려는(막 7:8)" 유대교 문화와 복음의 세계화를 향한 예수 공동체의 피할 수 없는 충돌입니다. 그리고 그 중심에 베드로가 있는 것입니다. 그것은 베드로가 살았던 갈릴리 지역, 유대의 율법과 전통, 예수의 제자로서 그리고 예수의 부활 이후 원시 교회 공동체 안에서 베드로가 경험했던 삶의 총체적 층적물(層積物)에 뿌리를 두고 있습니다.

베드로의 삶의 현장은 갈릴리 지역이었습니다. 그는 갈릴리 사람으로 예수를 만나기 전 어부였습니다. 그의 처가 역시 갈릴리에 거주하였습니다. 그는 갈릴리에서 예수의 제자로 부름을 받았고 예수의 공생애 기간 동안 갈릴리 지역에서 예수와 같이 활동하였습니다. 예수는 세례 요한이 잡힌 뒤 갈릴리에 오셔서 하나님의 복음을 선포하기 시작하였습니다(막 1:14). 갈릴리와 베드로는 예수 공동체와 함께 불가분의 관계를 맺고 있습니다. 그렇다고 하면 예수 공동체의 근원지, 뿌리이면서 베드로의 본향이기도 한 갈릴리는 무엇인가요? 갈릴리는 베드로에게 어떤 의미를 갖고 있는지 이 문제를 살펴보는 것은 대단히 중요합니다. 왜냐하면 베드로의 삶과 예수 공동체가 갈릴리라는 지역에서 이루어졌고 그들에게 중요한 영향력을 주었기 때문입니다.

여기서 잠간 갈릴리의 지정학적 특성을 살펴보는 것이 도움이 될 듯합니다. 이스라엘의 국토는 크게 보아 갈릴리, 사마리아와 유대로 구성되어 있습니다. 갈릴리는 이스라엘의 국토 중에 가장 북단에 위치하고 있습니다. 남쪽으로는 이스르엘 계곡(Valley of Jezreel), 동쪽으로는 요단 강, 북쪽으로는 리타니 강(River Litani) 그리고 서쪽으로는 지중해 연안을 경계로 하는 지역입니다(Wright, 1946: 21). 갈릴리는 서부 및 북서 방향 해안 지역으로는 가나안과 페니키아의 문화, 동부 및 동북 방향 내륙 지역으로 시리아와 아람 문화와 인접한 곳입니다. 그래서 갈릴리는 인접 나라의 정치적·문화적 힘에 의해 영향을 받아 왔습니다. 말하자면 이방 문화에 익숙해 왔다는 것입니다. 그리고 갈릴리는 한때 즈불룬, 이싸갈, 아셀 그리고 납달리 지파에 속해 있었습니다. 주전 732년 북왕국 이스라엘의 갈릴리 지역이 앗시리아에 의하여 점령된 이후 갈릴리 지역의 아름다운 자연 특히 갈멜, 다보르, 바샨, 헤르몬, 레바논과 같은 산악 지방의 아름다움이 예언자와 시인들에 의해 은유적으로 언급되었습니다(AB Ⅱ, 877). 예수 시대의 주민 분포를 살펴보면 특히 시골 마을들과 내륙 지방에서는 유대인들이 살고 있었으며 서부의 헬레니즘화된 도시들과 왕령(王領) 지역에서는 주로 이방인들이 살고 있었습니다. 갈릴리는 자연적 조건이 아름답고 살기 좋은 곳이었습니다. 역사가 요세푸스는 갈릴리 지방을 비옥한 푸른 정원 같다고 격찬했습니다. 그리고 삼하 20:19는 갈릴리 지방을 "이스라엘의 어머니"라고 기록하고 있습니다. 이 지역이 비옥한 곡창임을 뜻하는 것이라 하겠습니다.

그러나 갈릴리는 단순히 지리상의 구분만을 의미하지 않습니다. 신약 시대에는 갈릴리가 예수의 주 활동지였습니다. 이 지역은 그 이전부터 내려온 이스라엘의 역사와 사회문화에서 독특한 정체성을 유지하고 있었습니다. 이러한 갈릴리의 독특한 정체성은 갈릴리 사람이었던 베드로의 삶에 큰 영향을 미쳤을 것임은 어렵지 않게 수긍할 수 있습니다. 갈릴리가 베드로의 삶에 어떤 영향을, 다시 말하면 그것이 베드로의 내면의 심리적인 정신세계에 영향을 끼쳤는지를 살펴보아야 할 것입니다. 베드로에게 갈릴리는 무슨 의미가 있는가 하는 질문입니다. 그것은 마치 5·18 민주항쟁에서 광주는 어떤 의미가 있는가라고 하는 물음과 상통하는 것입니다.

역사적으로 갈릴리는 본토 유대의 역사에서 철저히 무시되고 소외된 이방인의 땅이었습니다. 동시에 이와는 반대로 갈릴리는 예수의 출신지이며 하나님 나라 복음의 진원지이며 본향이기도 합니다. 이처럼 갈릴리는 갈릴리 사람들의 한과 희망이 한데 교차하는 대극의 이중성을 자기 자신 안에 내포하고 있습니다. 갈릴리의 역사는 유대의 역사에서 철저히 무시되고 소외된 역사였습니다.

안병무는 갈릴리의 역사를 창기(娼妓)와도 같은 역사라고 서술하고 있습니다(안병무, 1998: 94). 주전 733년에 앗시리아는 이스라엘을 침공합니다. 이때 갈릴리와 요단 강 동편의 지역의 모든 이스라엘 영토가 유린되고 많은 주민들이 끌려가고 도시가 파괴되었습니다. 갈릴리는 므깃도라는 앗시리아의 속주로 편입되어 본토 이스라엘인 남왕국 유대와 분리됩니다. 이후부터 갈릴리는 이방 민족의 통치와 문물에 적응하여 살거나 아니면 항거하여 싸워야 하는 한스러운 질곡의 역사를 반복하게 됩니다. 이 지역에 여러 민족이 섞여 살게 되면서 이때부터 갈릴리는 이사야서 9장에 기록된 것처럼 "이방 사람들이 살고 있는 갈릴리"라고 하는 적어도 유대의 중앙 정치 무대로부터 명예스럽지 못한 낙인이 찍히게 됩니다. 이후 주전 301년 프톨레마이오스가 팔레스타인과 뵈니게를 점령한 이후 팔레스타인을 페르시아처럼 여러 갈래로 분할하여 통치하면서 지역적으로 예루살렘을 중심으로 하는 유대 본토와 고립되었습니다. 그러다가 하스몬 왕가의 아리스토불(Aristobulos) 1세가 그의 판도를 갈릴리까지 확대함으로 본토와 다시 이어졌습니다. 이때 이두매도 함께 점령하고 그곳에 사는 이방인들에게 강제로 할례를 실시하여 유대인화하고 또 유대인도 많이 이주시킴으로써 유대인들에게는 갈릴리 사람들을 잡종으로 천시하는 결정적인 계기를 가져왔습니다(안병무, 1998: 94).

또한 마카비 상 5장에는 갈릴릴 지역에 살고 있던 "이방사람들에 의해 고초를 당하고 있는 이스라엘 사람들"을 구출하기 위해 유다는 시몬을 삼천의 병력과 함께 파견하는 기사가 기록되어 있습니다. 시몬은 갈릴리로 가서 이방인들과 여러 차례 싸워 그들을 무찌르고 그들을 프톨레매오 성문까지 추격해 갑니다. 이 전투에서 이방인들 약 삼천 명을 죽이고 그들에게서 많은 전리품을 빼앗았습니다. 시몬은 갈릴리와 아르바타에 살고 있던 유대인들을 구출하여 크게 기뻐하면서 유대로 돌아왔습니다. 유대인들은 그들의 처자들은 물론 재산까지도 남김없이 건져 가지고 왔습니다(마카비 상 5:14 이하). 여기에서 시몬의 승전보를 기록하고 있으나 뒤집어 보면 갈릴리 지역에 살고 있던 이스라엘 사람들이 이방인들보다 열세에 있었음을 말해주는 대목이기도 합니다. 이렇듯 갈릴리는 예루살렘에서 보면 이방인의 땅이었습니다.

그래서 예루살렘을 중심으로 하는 본토 유대인들은 갈릴리 사람들을 멸시했고 갈릴리 사람들은 '잡종'으로 천시당했습니다. 갈릴리 사람들은 철저하게 무시당했습니다. 한마디로 율법도 모르는 쌍놈이라는 것입니다. 갈릴리 하면 쌍놈들의 소굴, 반란을 연상했고 갈릴리 사람 하면 반란자를 의미했습니다. 갈릴리 사람들은 이방인으로 간주되었습니다(안병무 1998: 93). 예컨대 갈릴리 산 곡물이 예루살렘에서는 성전에서 사용할 수 있을 만큼 최상품으로 간주되었지만 이방인 지역을 거쳐 수송되었기 때문에 성전용 곡물이 아니라 단지 예루살렘 주민들을 위한 곡물로 사용되었을 뿐이었습니다(Jeremias, 1998: 62). 또한 예루살렘의 유대인들은 갈릴리 사람들이 이스라엘의 율법을 지키지 않는다고 단정하며 "갈릴리야 너는

토라를 멸시한다.”는 것이 랍비들의 갈릴리에 대한 판정이었습니다 (안병무, 1998: 94). 요한복음 7:52에는 갈릴리 사람들을 멸시하는 내용이 기록되어 있습니다. 그들은 니고데모에게 말합니다. “당신도 갈릴리 사람이오? 성경을 살펴보시오. 그러면 갈릴리에서 예언자가 나오지 못하리라는 것을 알게 될 것이오.” 1세기 유대의 역사가 요세푸스의 기록에 의하면 갈릴리 사람들이라는 의미는 갈릴리 지역에 사는 사람들이라는 의미를 함축하기보다는 친로마적인 예루살렘 지도자의 입장에서 로마에 대항하는 혁명당의 의미를 내포하고 있었습니다(안병무, 1998: 94). 이런 맥락에서 보면 대제사장의 하인들이 예수를 모른다고 부인하는 베드로에게 “당신이 갈릴리 사람이니까 틀림없이 그들과 한패일 거요(Ἀληθῶς ἐξ αὐτῶν εἶ, καὶ γὰρ Γαλιλαῖος εἶ)(막 14:70b).”라고 공격한 이유를 이해할 수 있습니다.

또한 누가복음 13장을 보면 빌라도가 갈릴리 사람들을 학살해서 그 피를 그들이 바치려던 희생 제물에 섞었다고 기록하고 있습니다. 마샬(Marshall)은 갈릴리 사람들의 학살에 대하여 다음과 같이 추정합니다. 유월절에 빌라도는 예루살렘에 있었을 것입니다. 유대의 명절이라서 갈릴리의 순례자들이 예루살렘에 모였을 것입니다. 그리고 갈릴리 사람들은 그 반항기질로 유명했습니다(Marshall, 1996: 235). 그래서 갈릴리 사람들의 반골 정신에 갈릴리 사람의 학살의 원인을 돌립니다. 플러머(Plummer) 역시 이 사건을 빌라도의 잔학성과 갈릴리 사람들의 반항기질의 합작으로 보고 있습니다(Plummer, 1981: 337).

유월절에 많은 사람들이 예루살렘 도성에 몰려들고 특히 민족적 분노가 일어났을 때마다 그 수효가 크게 증가하였습니다. 그렇기 때문에 총독 빌라도는 치안 유지에 그 어느 때보다 엄격한 조치를 취했을 것입니다. 반로마적 저항으로 낙인찍힌 갈릴리 사람들과 수비를 담당했던 로마 군인들 간의 충돌은 충분히 짐작할 수 있습니다. 빌라도가 갈릴리 사람들의 피를 그들이 바치려던 희생 제물에 섞었다는 것은 갈릴리 사람들에 대한 빌라도의 분노와 증오에 기인한 탄압이 무자비하였다는 것을 보여줍니다. 또한 예수를 심문하던 빌라도는 대제사장들과 무리들에게 처음에는 예수에게는 아무 죄가 없다고 선언합니다. 그러나 그들은 예수가 "갈릴리에서 시작해서 여기에 이르기까지, 온 유대를 누비면서 가르치며 백성을 선동하고 있습니다(Ἀνασείει τὸν λαὸν διδάσκων καθ' ὅλης τῆς Ἰουδαίας, καὶ ἀρξάμενος ἀπὸ τῆςΓαλιλαίας)."라고 예수와 갈릴리와의 연관성을 강하게 부각시킵니다. 빌라도가 이 말을 듣고서 "이 사람이 갈릴리 사람이오?(εἰ ἄνθρωπος Γαλιλαῖός ἐστιν)" 하고 물었습니다(눅 23:4 이하). 예수가 갈릴리 사람임을 확인한 빌라도가 종국에는 예수의 처형 요구에 동조하였음을 암시하고 있습니다. 갈릴리 사람을 반란자, 반역자와 동일시하는 대목입니다. 갈릴리 사람들에 대한 빌라도의 증오와 분노는 예루살렘의 종교 지도자와 다르지 않았을 것입니다. 갈릴리 사람들의 반항과 반골 정신이 예루살렘의 지배 권력의 두 기둥, 즉 빌라도와 종교지도자들에게는 공동의 위협으로 간주되었기 때문입니다.

갈릴리가 멸시와 천대를 받고 이방인의 땅으로 소외당한 이유를 안병무는 갈릴리의 역사적 정치 경제의 문제로 설명합니다. 갈릴리는 원래 북이스라엘의 근원지로서 일찍부터 이방인들과 섞여 살면서 자기 정체성을 살려 가야 했습니다. 그렇다고 해서 갈릴리의 농촌과 그 주민들은 놀랍게도 이방의 외래문화에 물들지 않았습니다(안병무, 1998: 94). 그리고 갈릴리는 비옥한 땅이기 때문에 농업이 생업의 중심이었습니다. 따라서 이 지역의 농산물은 유대지방 특히 예루살렘의 생명선과도 같았습니다. 그럼에도 갈릴리 지방에는 절대빈곤의 소농과 땅 없는 소작인이 압도적이었습니다. 도시에 거주하는 부재지주가 갈릴리 지방의 소작농을 착취하는 구조적 문제를 안고 있었습니다. 이처럼 헬라화된 지역에서 이방인들과 섞여 살면서도 자신들의 이스라엘의 정체성을 지킨 갈릴리 사람들이 자신들을 착취하는 경제적인 부조리 구조에 대항하는 것은 너무나 당연한 일이었습니다. 그렇기 때문에 이 지역에서 봉기가 그치지 않았습니다. 그렇기 때문에 예루살렘의 지배층들은 갈릴리 사람이라면 모두 젤롯당으로 간주하여 무조건 불순분자로 몰아갔습니다(안병무, 1998: 97).

무시와 멸시를 받는 이방인의 땅 갈릴리는 신학적 의미를 지니고 있다고 막센(Marxen)은 주장합니다(Conzelmann, 1987: 240). 멸시받는 땅 갈릴리, 이방인의 땅에서 구원이 나타납니다. 앗시리아의 디글랏빌레셀의 점령으로 앗시리아의 속주가 된 갈릴리를 향하여 이사야는 구원의 신탁을 선포합니다. "어둠 속에서 고통받던 백성에게 어둠이 걷힐 날이 온다. 옛적에는 주님께서 스불론 땅과 납달리 땅으로 멸시를 받게 버려두셨으나, 그 뒤로는 주님께서 서쪽 지중해로부터 요단 강 동쪽 지역에 이르기까지, 그리고 이방 사람이 살고 있는 갈릴리 지역까지, 이 모든 지역을 영화롭게 하실 것이다(사 9:1)." 이로써 숨겨진 계시의 역설적 특징, 즉 비천한 자들, 공적인 이스라엘에게 멸시받는 자들의 구원이 선포됩니다.

구원이 선포된 갈릴리는 희망의 땅입니다. 마태는 이사야의 구원 신탁이 예수의 갈릴리 복음 선포에서 이루어졌다고 기록하고 있습니다(마 4:12 이하).

마가복음에서는 특히 갈릴리가 강조됩니다. 갈릴리는 예수의 출신지이며 예수의 명성이 신속히 퍼졌던 복음의 고향이기도 합니다. 예수는 베들레헴에서 태어나시고 갈릴리 나사렛으로 이주하였습니다. 그리고 예수는 세례 요한이 잡힌 뒤 반역의 땅, 멸시의 땅인 갈릴리에 오셔서 하나님의 복음을 선포하셨습니다. 갈릴리는 이런 의미에서 복음의 진원지입니다. 그리고 예수는 갈릴리의 시대정신을 안고 갈릴리에 오셨습니다. 이후 예수는 제자들과 함께 갈릴리 지방에서 갈릴리 민중들을 상대로 말씀을 선포하고 귀신을 내쫓고 병자를 치유해 주었습니다. 예수가 율법학자와 바리새파와 논쟁을 벌인 안식일 논쟁, 정결법 논쟁과 이혼의 논쟁 등 이 모든 것들이 이들 지역에서 살고 있던 멸시받고 소외된 사람들의 고통과 직접적으로 연관된 것이었습니다. 그리고 병든 자와 가난한 사람들, 소외된 사람들과 죄인의 친구가 되어 그들의 고통과 눈물을 닦아 주고 식탁 교제를 함께하였습니다. 예수는 갈릴리 지방에서 갈릴리 사람들과 함께하였습니다. 그래서 예수 운동이 갈릴리 운동으로 간주되고 있습니다(Gnilka II, 1988: 386).

예수는 갈릴리 지방에서, 갈릴리 사람들을 제자로 부르시고 갈릴리 사람들에게 하나님의 복음을 선포하였습니다. 그리고 부활하신 예수께서 다시 가신 곳이 바로 갈릴리였습니다. 예수는 갈릴리에서 하나님의 나라를 선포하시고 갈릴리 사람들과 하나님 나라의 기쁨을 몸소 나누어 주셨습니다. 그리고 십자가의 죽음으로 하나님의 뜻을 다 이루시고 다시 갈릴리로 돌아오셨습니다. 예수의 하나님 나라의 복음 선포와 갈릴리는 뗄 수 없는 불가분의 관계임을 우리는 알 수 있습니다. 갈릴리는 예수 운동의 진원지이자 하나님 나라 복음의 고향이며 지상의 예수의 완성지인 것입니다. 어떻게 보면 갈릴리 사람들의 한이 하나님 나라의 희망으로 승화되었다고 말할 수 있습니다.

베드로 역시 예수의 다른 제자들처럼 갈릴리 출신이었습니다. 그는 결코 고귀한 직업이라고 할 수 없는 어부로서 유대의 정통 교육을 받지 못했습니다. 그는 다른 갈릴리 사람들처럼 압제의 피해자이며 멸시받고 소외된 지역의 한을 안고 갈릴리에 살았을 것입니다. 정치적·경제적·사회적인 압제와 이방인의 땅이라고 멸시받고 천대받는 지역에서 어부로 살아가는 일은 쉽지 않았을 것입니다.[19] 그러면서도 그는 이방인 문화와 이방 사람들과 섞여 살면서도 예수의 부름에 모든 것을 버리고 즉시 따라간 것을 보면 이방 문화의 포위 속에 살면서도 유대인의 정체성을 지키면서 살았던 것으로 보입니다. 그는 고통과 상실의 포로기에 이사야가 선언한 구원 신탁을 가슴에 새기며 하나님의 주권만이 확립된 세상을 갈망하였을 것입니다(안병무, 1998: 94).

베드로가 예수의 제자로서 활동하고 경험한 지리적, 문화적 무대는 갈릴리였습니다. 그는 갈릴리에서 예수를 그리스도라고 고백하였습니다. 또한 영광스러운 모습으로 변모한 예수를 경험한 곳도

---

19) 당시 어부들에 대한 평판에 대해서는 정확히 알 수 없으나 상이한 판단들이 있을 수 있다. 예컨대 Qid(미슈나, 토세프타, 탈무드의 문서) 4:13에 의하면 그 평판은 좋지 않으며, 반면 랍비 예후다(Jehuda: 150년 경)에 의하면 경건한 부류로 여겨졌다. 또한 어부들은 가난한 계층에 속한다(Gnilka I, 1998: 90).

갈릴리였습니다. 베드로는 가난하고 소외된 사람들, 병들고 힘이 없는 사회적 약자들과 함께하는 갈릴리 예수 운동에서 대망해 오던 하나님 나라의 동이 터 오름을 보았고 자신들의 한과 눈물을 씻어 줄 희망을 보았을 것입니다. 그래서 그는 예수에게 "선생님 우리가 여기에 있는 것이 좋겠습니다. 우리가 초막 셋을 지어서 하나에는 선생님을, 하나에는 모세를, 하나에는 엘리야를 모시겠습니다(눅 9: 33)."라고 말했을 것입니다. 이것은 엄밀히 말하면 베드로의 의식이 아니라 베드로 자신도 인식하지 못하는 그의 무의식이 말하는 소리입니다. 그렇기 때문에 누가는 베드로가 무슨 말을 하는지도 모르고 그렇게 말하였다고 기록하고 있습니다.

베드로에게 갈릴리는 멸시받고 천대받는 이방인의 땅이면서 동시에 사람들의 한과 눈물을 씻어 줄 희망의 땅이며 복음의 땅이었습니다. 이렇듯 갈릴리는 그 자신 안에서 한 축에는 멸시와 천대, 소외 지역, 이방인 반대편 축에는 희망과 복음이라는 대극의 이중성을 스스로 내포하고 있습니다. 갈릴리는 야누스처럼 서로 상반된 전혀 소통할 수 없는 이질적인 두 얼굴을 갖고 있습니다. 이와 같은 갈릴리의 대극의 이중성이 갈릴리 사람들의 인격 형성에 작지 않은 영향을 끼쳤을 것입니다. 갈릴리 사람으로서, 예수의 제자로서 철저한 대극의 이중성의 삶을 치열하게 살았던 베드로, 그 역시 갈릴리의 시대정신의 영향으로 그의 심리적 정신세계를 아우르는 전체 정신세계는 큰 영향을 받았을 것임은 분명한 사실입니다. 그래서 갈릴리의 이중적 대극의 씨앗을 베드로는 그의 의식과 내면의 정신체계에 온전히 갖고 있었을 것입니다. 그 두 가지 씨앗의 하나는 갈릴리에 대한 부정적 콤플렉스[20]이며 다른 하나는 갈릴리를 통한 구원 신탁과 하나님 나라였을 것입니다. 이중적 대극의 씨앗은 베드로의 삶 전체를 통하여 배태되고 발현되었습니다.

2. 예루살렘과 베드로

예루살렘은 구약성서에서 660번, 신약성서에서 140번 이상 등장하고 복음서에만 67번 등장합니다. 예루살렘은 유대 지역의 중앙에 위치하고 있습니다. 또한 예루살렘은 사람이 거주할 수 있는 세계의 중앙이며(에스겔 5:5) 온 땅의 중심지입니다(에티오피아 에녹 26장). 그 이름만 들어도 가슴이 뛰는 하나님의 도성, 모든 기독교인들의 본향 같은 예루살렘이 상징하는 의미는 생명의 복음과 구원의 심장부라고 할 것입니다. 하나님 임재의 상징인 예루살렘 성전, 이방인을 포함한 모든 나라의 중심인 예루살렘, 구원의 날에 이루어질 새 예루살렘의 영광, 두말할 것도 없이 예루살렘은 유대인에게는 그 무엇과도 바꿀 수 없는 생명이며 정체성의 핵심입니다. 예루살렘을 떠나서는 유대인으로 살아간다는 것 그 자체가 불

---

20) 콤플렉스란 감정적으로 강조된 심리적 내용(feeling – toned complex) 또는 그 내용을 중심으로 하는 어떤 일정한 군집(群集)을 말한다고 융은 정의한다. 콤플렉스는 결코 전적으로 병적인 성질의 것이 아니라 그것이 분화된 것이든 원시적인 것이든 정신의 특유한 생명현상이다. 그것은 바로 무의식적 정신의 생생한 통합체이며 이를 통하여 무의식의 존재와 그 형성성을 인지할 수 있다. 콤플렉스란 정신 현상을 서로 연결 짓고 갈등을 일으키게 하고, 생동적인 움직임을 정신에 부여하는 매듭과 같은 것이다. 무의식으로 통하는 길은 꿈이 아니라 콤플렉스다. 그것이 꿈과 증상을 만들어 내는 것이기 때문이다. 콤플렉스를 의식화한다는 것은 그러므로 인격 성숙에 중요한 과제가 된다. 콤플렉스가 의식을 자극하게 되는 것도 사실은 주관적으로 불쾌한 일이지만 콤플렉스가 의식 속에 제대로 받아들여지기를 요구하는 데서 생기는 것이다(이부영, 2006: 50 – 57).

가능합니다.

　예루살렘도 갈릴리와 마찬가지로 그 스스로 대극의 이중성을 갖고 있습니다. 베드로가 처한 상황에 따라 예루살렘은 두 가지 대극성이 교차되어 나타납니다. 갈릴리에서 바라보는 예루살렘은 갈릴리를 천시하고 멸시하는 포악한 지배자의 심장부이며 '사람의 전통이 하나님의 계명을 저버리는' 불의한 도시입니다. 다른 한편으로는 영원한 하나님의 도성, 하나님 임재의 상징으로 메시아 희망의 상징이기도 합니다. 이들 서로 상반된 두 이미지가 예루살렘의 이중성이며 대극을 이루고 있습니다. 이와 같은 대극성의 도식을 사용하여 사도 바울은 아브라함의 두 아들을 하늘에 있는 예루살렘과 지금의 예루살렘으로 비유하고 있습니다. 지금의 예루살렘은 그 주민과 함께 종노릇을 하고 있고 하늘에 있는 예루살렘은 종이 아닌 여자이며 우리의 어머니를 상징합니다(갈 4:22－26). 벳츠(Betz)는 지금의 예루살렘을 유대교의 정치적·종교적 제도를 상징하고 하늘의 예루살렘은 묵시주의에서처럼 사실상 새로운 시대와 동일하다고 설명합니다(Betz, 1987: 500－502). 즉 예루살렘을 지상과 천상의 대극으로 구분하는 것입니다. 지금의 예루살렘, 즉 지상의 예루살렘은 불의와 폭력, 살인이 횡행하고 이방 통치자의 잔학성이 지배하는 도시입니다. 그래서 바울은 그 주민과 함께 종노릇하고 있다고 주장하는 것입니다. 갈릴리 출신 베드로에게 지금의 예루살렘은 포악한 지배자의 심장부이며 하늘의 예루살렘은 메시아 희망의 상징입니다. 그리고 그것이 베드로가 처한 상황에 따라 역동적으로 활성화되기도 하며, 때로는 파괴적인 열등의식으로 작용하기도 합니다.

그러면 갈릴리 사람 베드로가 바라보는 예루살렘은 어떤 모습일까요? 예루살렘은 베드로에게 어떤 영향을 미쳤을까요? 융이 말하는 원형적 콤플렉스는 긍정적인 면과 부정적인 면의 두 얼굴을 갖고 있습니다. 갈릴리 콤플렉스는 예루살렘과 갈릴리라는 대극의 구조 아래서 형성된 것입니다. 그렇다면 부정적인 갈릴리 콤플렉스를 갖고 있는 베드로의 입장에서 바라본 예루살렘 모습은 베드로가 처한 삶의 자리에서 보면 예루살렘의 본래적 이미지와는 크게 다를 수밖에 없지 않았을까요?

예루살렘은 유대사회의 정치적 중심지였으며 따라서 최고 권력의 중심지였습니다. 예루살렘에는 산헤드린이 있었습니다. 산헤드린은 기원과 본질에 있어서 유대사회의 최고 기관이었으며, 이러한 본래적인 위상으로 인해 세계 각처의 유대사회를 지배하는 권능을 지니고 있었습니다(Jeremias, 1998: 107). 또한 예루살렘은 유대교를 형성한 가장 중요한 본거지 중의 하나였습니다. 예루살렘은 바리새파 사람들의 중심지였습니다. 그리고 무엇보다도 중요한 사실은 예루살렘에는 성전이 있었습니다. 전 세계의 유대인들은 성전세를 예루살렘 성전에 보냈으면 일 년에 세 번 성전으로 순례 여행을 왔습니다. 이렇듯 예루살렘은 지상 권력의 심장부이며 유대사회를 지탱하고 있는 국가적 기둥이었습니다.

특히 마가복음에 기록된 예루살렘은 예수에게는 운명과도 같은 도시이며 인류 구원을 위한 중심축입니다. 마가복음에서 예루살렘은 예수 공동체가 도달하여야 할 목표입니다(AB vol.3, 764). 누가복음은 예루살렘에서 시작하여 예루살렘에서 끝나고 있습니다. 복음서에 기록된 예루살렘은 갈릴리 출신인 예수와 제자들에게 도달하여야 하는 험난한 여정이며, 힘들다고 피할 수도 없는 숙명과도 같은 것이었습니다. 여기서 예루살렘은 극복되어야 할 과제입니다. 특히 마가복음은 갈릴리와 예루살렘을 대극의 관계로 설정하고 있습니다. 예수 운동은 갈릴리를 진원지로 하여 예루살렘에서 완성되는 것으로 기록하고 있습니다. 예루살렘으로 올라가는 예수와 제자들을 마가는 10:32 – 34에서 다음과 같이 기록합니다.

32 그들은 예루살렘으로 올라가고 있었다.
(Ἦσαν δὲ ἐν τῇ ὁδῷ ἀναβαίνοντες εἰς Ἱεροσόλυμα,)
예수께서 앞장서서 가시는데, 제자들은 놀랐으며, 뒤따라가는 사람들은 두려워하였다.
(καὶ ἦν προάγων αὐτοὺς ὁ Ἰησοῦς, καὶ ἐθαμβοῦντο,
οἱ δὲ ἀκολουθοῦντες ἐφοβοῦντο.)
예수께서 다시 열두 제자를 곁에 불러 놓으시고, 앞으로 자기에게 닥칠 일들을 그들에게 일러주시기 시작하셨다.
(καὶ παραλαβὼν πάλιν τοὺς δώδεκα ἤρξατο αὐτοῖς λέγειν τὰ μέλλοντα αὐτῷ συμβαίνειν,)

33 "보아라, 우리는 예루살렘으로 올라가고 있다.
(ὅτι Ἰδοὺ ἀναβαίνομεν εἰς Ἱεροσόλυμα,)
인자가 대제사장들과 율법학자들에게 넘어갈 것이다.
(καὶ ὁ υἱὸς τοῦ ἀνθρώπου παραδοθήσεται τοῖς
ἀρχιερεῦσιν καὶ τοῖς γραμματεῦσιν,)
그들은 인자에게 사형을 선고하고, 이방 사람들에게 넘겨줄 것이다.
(καὶ κατακρινοῦσιν αὐτὸν θανάτῳ καὶ παραδώσουσιν αὐτὸν τοῖς
ἔθνεσιν,)

34 그리고 이방 사람들은 인자를 조롱하고 침 뱉고 채찍질하고 죽일 것이다.
(καὶ ἐμπαίξουσιν αὐτῷ καὶ ἐμπτύσουσιν αὐτῷ καὶ
μαστιγώσουσιν αὐτὸν καὶ ἀποκτενοῦσιν,)
그러나 그는 사흘 후에 살아날 것이다."
(καὶ μετὰ τρεῖς ἡμέρας ἀναστήσεται,)

여기서 예수가 제자들과 함께 예루살렘으로 올라가는 모습을 상상해 봅시다. 예수와 제자들은 그동안 갈릴리 지역에서 복음을 전하여 왔습니다. 소외되고 천대받고 멸시받던 변방의 지역을 벗어나 유대의 심장부로 올라가고 있습니다. 예수는 이번 길이 지상에서의 마지막 여정임을 알고 있습니다. 예수는 예루살렘으로 올라갑니다. 예수가 앞장서고 제자들과 사람들이 뒤따라갑니다. 베드로는 제자들의 선두에서 바로 예수의 뒤를 따라가고 있었을 것입니다. 제자들은 놀랐으며(ἐθαμβοῦντο) 뒤따라가는 사람들은 두려웠습니다(ἐφοβοῦντο). 이들에게 예루살렘은 두려움으로 다가오고 있습니다. 예수는 두려움으로 놀라고 있는 제자들에게 예루살렘에서 자신에게 닥칠 수난을 일러주십니다. 이미 예수께서 두 차례나 자신의 수난과 부활을 예고하셨습니다. 그때마다 제자들은 수난의 의미를 깨닫지도 못하고 예수께 묻기조차 두려워했습니다. 정말로 그들은 모르고 있었을까요? 깨닫지도 못하면서 왜 그들은 예수께 묻기조차 두려워했을까요? 예수는 처음으로 수난을 예고하실 때 장로들과 대제사장들과 율법학자들에 의하여 죽임을 당할 것이라고 하였습니다. 수난의 장소가 예루살렘이 될 것임을 분명히 하였습니다. 이제 예수가 자신이 죽임을 당할 것이라고 세 번이나 예고한 수난의 장소인 예루살렘으로 올라가고 있는 것입니다. 베드로 역시 예수를 따라 예루살렘으로 가고 있습니다. 갈릴리 사람 베드로에게는 예루살렘은 어두운 그림자입니다. 포악한 지배자의 도시입니다. 그러나 동시에 예루살렘은 유대 사람 누구나 열망하는 구원의 도성입니다. 그러나 지금 베드로가 처한 상황은 부정적 예루살렘의 이미지가 그를 감싸고 있습니다. 갈릴리 콤플렉스를 내면세계에 그림자[21]로 갖고 있는 베드로는 갈릴리를 떠나 예루살렘으로 예수를 따라 올라갑니다. 대극의 한 끝에서 다른 끝으로 이동하고 있는 것입니다. 이 시간 베드로에게 예루살렘은 폭정과 불의한 권력의 중심지이며 대극의 반대방향, 즉 갈릴리는 베드로에게 희망과 구원의 신탁의 땅으로 다가오지 않고 있습니다. 예루살렘으로 올라가는 그는 멸시받고 천대받는 이방인의 땅 갈릴리 출신이며 갈릴리의 대극의 반대편 정점에 하나님의 도성 안에 자리 잡고 있는 폭압적인 지배자의 도시 예루살렘이 위치해 있는 것입니다.

베드로는 예수의 수난 예고를 이미 세 번이나 들었습니다. 죽임을 당한 후 사흘 뒤에 살아날 것이라고 예수는 말씀하셨지만 아직은 베드로가 예수 수난의 의미를 깨닫지 못한다고 기록하고 있습니다. 정말 그럴까요? 그렇다고 한다면 왜 그럴까요? 융이 말하는 베드로의 자아(ego) – 자기(self) 축이 건강하게 역동적으로 활성화되지 않아서일까요? 그가 깨닫지 못했다고 말하는 것보다는 오히려 그는 수난의 의미를 알고 있었다고 보는 편이 맞지 않을까요? 베

---

21) 기초적인 자아 정체성(ego – identity)은 아주 초기에 형성된다. 처음에는 엄마 – 아동의 양자관계 안에서 생겨나서 나중에는 가족 단위 안에서 확충되며 그 이후에 문화적 환경을 포함하는 데까지 확장된다. 자아 형성의 과정에서 어떤 선천적인 행동과 개인의 성향 등은 엄마나 가족에 의해서 수용되고 다른 행동이나 충동들은 부정적으로 평가되어 거부된다. 가족에 의해 거부된 성향이나 충동들은 단순히 사라지는 것이 아니라 개인무의식의 표층 바로 아래에 다른 자아(alter – ego)의 이미지로 무리를 이루게 된다. 이와 같은 alter – ego의 이미지가 바로 융이 말하는 그림자이다. 왜냐하면 두 대극의 한 부분이 의식의 '빛'에 놓이게 되면, 거부된 다른 한 부분은 은유적으로 무의식의 '그림자'에 빠져들게 되기 때문이다. 그림자의 내용이나 속성이 잠재적으로는 성장하는 자아의 부분이기 때문에 그림자는 계속해서 개인의 정체감을 갖게 하는 데 있어서 거부되거나 수용 불가능한 종류로서 보통 죄의식과 연관된다. 그러기 때문에 일상적인 심리치료와 분석 작업의 많은 부분은 그림자의 내용을 다시 조사하여 자아의 형성 과정에서 초기에 분리하여 버렸던 것들을 가능한 통합하는 것이다. 그림자의 내용을 의식과 통합하게 되면 두 가지 효과가 발생한다. 하나는 자아의 활동 영역을 확장하고 다른 하나는 이전에 그림자의 속성의 분리와 억압하는 데 필요한 에너지를 방출할 수 있는 것이다. 개인은 이것을 새로운 삶이라고 경험하기도 한다.

드로는 예루살렘의 의미를 알고 있었을 것입니다. 그렇기 때문에 놀라고 두려운 것이었을 것입니다. 예루살렘으로 올라가는 이번 여정이 죽음의 길이라는 것을 그는 알고 있었습니다. 예루살렘에서 일어날 수난에 대하여 예수는 아주 구체적으로 설명하고 있습니다. 베드로는 이번 여행 이후에는 다시는 갈릴리로 돌아갈 수 없음을 알고 본능적으로 두려움을 느끼고 있는 것입니다. 그래서 묻기조차 두려워하지 않았을까요? 아니면 물을 필요도 없었을지 모릅니다. 예루살렘은 베드로의 콤플렉스에서 갈릴리와 대극에 위치해 있습니다. 신의 도성 예루살렘과 하나님 나라 운동의 진원지인 갈릴리의 건강한 축은 발현되지 않고 있습니다. 오히려 불의한 정치폭력이 지배하는 예루살렘과 멸시와 이방인의 땅 갈릴리의 축이 동일한 좌표의 양 끝점에서 베드로와 제자들과 뒤따르는 사람들의 마음을 짓누르고 있습니다. 그렇기 때문에 베드로는 놀라고 두려워했을 것입니다.

예루살렘으로 앞장서 가는 예수를 뒤따라가는 베드로가 보는 예루살렘은 폭정의 도시이며 불의한 지배자가 다스리는 도시입니다. 예루살렘은 대제사장과 서기관들과 바리새파들로 대변되는 지배자의 도성입니다. 그들은 갈릴리 사람들을 율법을 모르는 근본이 없는 이방인이라고 멸시합니다. 베드로가 바라보는 예루살렘 성전은 지배자들에 의하여 사람의 전통을 지킨다는 명분 아래 자신들의 기득권을 철저히 지키기 위해 하나님의 계명을 저버린 강도들의 소굴이 되어 버린 적대자의 본거지입니다. 예루살렘은 마치 농부들이 포도원 주인의 아들을 잡아 죽이는 것과 같은 패역의 도시입니다. 예루살렘은 갈릴리에서 시작된 예수의 하나님 나라 운동이 꽃을 피우고 열매를 맺으려는 희망을 십자가 처형으로 종식시키려는 도시입니다. 예루살렘은 파괴적이며 갈릴리 사람 베드로의 삶 전체를 송두리째 뒤엎어 버릴 사탄의 도시입니다. 갈릴리와 예루살렘의 대극이 정면충돌을 향해 서로 마주보며 돌진하고 있는 형세입니다. 예수의 수제자 베드로는 이러한 두려움과 공포를 가슴에 안고 앞장선 예수를 뒤따라가고 있는 것입니다. 예루살렘에 들어온 예수는 성전 정화를 필두로 정면으로 예루살렘 체제에 도전합니다. 예수와 예루살렘의 지배계급과의 충돌은 피할 수 없는 극한 상태가 되었습니다. 어떤 의미에서 갈릴리와 예루살렘의 충돌입니다. 베드로의 두려움은 더욱 커지고 이제는 피할 수 없는 숙명이 되었습니다. 마가는 반체제 도전과 같은 예수의 예루살렘의 성전 정화 사건을 마가복음 11:15 - 18에서 다음과 같이 기록하고 있습니다.

15 그리고 그들은 예루살렘에 들어갔다.
(Καὶ ἔρχονται εἰς Ἱεροσόλυμα.)
예수께서 성전에 들어가셔서, 성전 뜰에서 팔고 사고 하는 사람들을 내쫓으시면서 돈을 바꾸어 주는 사람들의 상과 비둘기를 파는 사람들의 의자를 둘러엎으시고,
(καὶ εἰσελθὼν εἰς τὸ ἱερὸν ἤρξατο ἐκβάλλειν τοὺς
πωλοῦντας καὶ τοὺς ἀγοράζοντας ἐν τῷ ἱερῷ, καὶ τὰς τραπέζας
τῶν κολλυβιστῶν καὶ τὰς καθέδρας τῶν πωλούντων τὰς
περιστερὰς κατέστρεψεν.)

16 성전 뜰을 가로질러 물건을 나르는 것을 금하셨다.
(καὶ οὐκ ἤφιεν ἵνα τις διενέγκη σκεῦος διὰ τοῦ ἱεροῦ.)

17 예수께서는 가르치시면서, 그들에게 말씀하셨다.
(καὶ ἐδίδασκεν καὶ ἔλεγεν αὐτοῖς.)
"기록한 바 '내 집은 만민이 기도하는 집이라고 불릴 것이다.' 하지 않았느냐?

(Οὐ γέγραπται ὅτι Ὁ οἶκός μου οἶκος προσευχῆς
κληθήσεται πᾶσιν τοῖς ἔθνεσιν;)
그런데 너희는 그곳을 '강도들의 소굴'로 만들어 버렸다."
(ὑμεῖς δὲ πεποιήκατε αὐτὸν σπήλαιον λῃστῶν.)

18 대제사장들과 율법학자들이 이 말씀을 듣고서는, 어떻게 예수를 없애 버릴
까 하고 방도를 찾고 있었다.
(καὶ ἤκουσαν οἱ ἀρχιερεῖς καὶ οἱ γραμματεῖς, καὶ
ἐζήτουν πῶς αὐτὸν ἀπολέσωσιν)
그들은 예수를 두려워하고 있었던 것이다. (ἐφοβοῦντο γὰρ αὐτόν.)
무리가 다 예수의 가르침에 놀라고 있었기 때문이다.
(πᾶς γὰρ ὁ ὄχλος ἐξεπλήσσετο ἐπὶ τῇ διδαχῇ αὐτοῦ.)

　예수는 예루살렘에 도착하자 하룻밤 숨을 고르시고 예루살렘의
심장부인 성전으로 들어갑니다. 예루살렘 성전은 유대를 지탱하고
있는 지배자와 기득권 세력을 받치고 있는 기둥과 같은 심장부입니
다. 갈릴리 출신 예수는 그 심장부로 바로 들어가 이스라엘의 기득
권 체제에 정면으로 도전합니다. 갈릴리에서 복음을 선포하던 모멘
텀의 구심점을 불의한 지배자의 도시, 하나님이 계시지 않는 신의
도성, 불의와 폭정의 도시, 강도의 소굴 예루살렘을 향하여 온 몸
을 던져 예수는 도전합니다. 이 엄청난 도전의 짐을 예수 혼자 감
당합니다. 이 모든 것들 역시 예수의 수제자인 베드로에게도 엄청
난 도전이 아닐 수 없었을 것입니다. 갈릴리 콤플렉스에 시달려
온 베드로에게 지상의 예루살렘은 그가 극복해야 할 대상입니다.
하나님의 나라를 위해서 예루살렘은 반드시 넘어야 할 요충입니다.
그래서일까요? 누가는 예수께서 하늘에 올라가실 날이 다 되어서
예루살렘에 가시기로 마음을 굳히셨다고 기록했습니다(Ἐγένετο
δὲ ἐν τῷ συμπληροῦσθαι τὰς ἡμέρας τῆς ἀναλήμψεως

αὐτοῦ καὶ αὐτὸς τὸ πρόσωπον ἐστήρισεν τοῦ πορεύεσθαι εἰς Ἰερουσαλήμ, 눅 9:51). 막상 도착하여 바라본 예루살렘은 베드로에게 여전히 너무나 크고 강해 보입니다. 베드로는 아직 예수가 왜 죽임을 당해야 하는지 알지 못한다고 기록하고 있습니다. 그의 심리상태는 갈릴리와 예루살렘의 대극의 부정적인 극점들이 활성화되어 그를 심리적으로 대단히 불안하게 만들고 있습니다. 제자로서 책임적 중심으로서의 자아와 전체 정신의 신비한 조정의 중심인 자기 사이에 하모니를 이루지 못하고 있는 형편입니다. 베드로의 심리 안에 자리 잡고 있는 갈릴리 콤플렉스가 부정적인 예루살렘의 이미지와 상승작용을 일으켜 베드로를 더 크고 강하게 압도하였을 것입니다. 그래서 두려움의 대상으로 나타난 것이라 하겠습니다.

이와 같은 내면의 심리적인 두려움이 베드로를 압도하여 파괴적인 결과로 이어지는 사건이 바로 베드로가 예수를 모른다고 세 번이나 부인하는 것입니다. 수제자 베드로가 예수 운동의 정점에서 예수를 부인한 사건은 갈릴리 콤플렉스로 대변되는 그의 그림자에게 압도당한 결과라고 할 수 있습니다.

제6장

베드로의 환상

예수의 부활과 승천 이후에 베드로와 제자들은 예루살렘에 머물면서 오순절 성령 강림을 체험합니다. 예수의 수제자 베드로는 열한 사도와 함께 일어나서 유대 사람과 예루살렘 주민들에게 오순절 설교를 합니다. 설교의 대상은 이스라엘의 온 집안(οἶκος Ἰσραὴλ)으로 국한되어 있습니다(행 2:36). 이방인은 대상에 포함되어 있지 않습니다. 베드로는 앉은뱅이를 고치고 솔로몬 행각에서 '이스라엘 동포'들에게 이스라엘 전통의 관점에서 설교를 합니다. 공동 소유 생활을 하던 원시 교회 공동체 안에서 일어난 아나니아와 삽비라 사건은 베드로의 사도적 권위가 어떠했는지를 웅변으로 보여주고 있습니다. 베드로를 중심으로 사도들은 예루살렘과 근방의 여러 동네에서 병든 사람들과 악한 귀신에게 시달리는 사람들을 모두 고쳐주었습니다. 이 시기에 원시 교회 공동체의 제자들이 점점 증가하였고 히브리말을 하는 유대인들과 히브리말을 모르는 디아스포라 유대인의 갈등이 표출되기도 하였습니다(행 6:1 이하).

그러나 원시 교회 공동체의 울타리는 여전히 예루살렘을 중심으로 하는 이스라엘의 집안, 즉 유대의 제한된 지역에 머물러 있습니다. 이런 가운데 원시 교회 공동체가 점차 성장하게 되면서 예루살렘 종교지도자의 기득권 체제와의 갈등의 골이 깊어지면서 예루살렘 교회가 크게 박해를 받게 됩니다. 베드로를 중심으로 사도들을 제외하고 원시 교회 공동체의 신도들은 박해를 피하여 유대의 지방과 사마리아 지방으로 흩어졌습니다. 빌립은 사마리아 성으로 가서 그리스도를 전파하였고 베드로는 세례를 받았으나 아직 성령을 받지 못한 사마리아 사람들을 위하여 요한과 함께 사마리아로 갔습니다. 그리고 베드로는 예루살렘으로 돌아오는 길에 사마리아 여러 마을에서 복음을 전하였습니다. 원시 교회 공동체는 점차 안정적으로 성장하여 터전을 튼튼히 잡아 선교지역이 유대는 물론 갈릴리와 사마리아까지로 확장되었습니다. 베드로는 이 시기에 룻다에 가서 중풍병 환자를 고치고, 이어서 룻다와 지리적으로 가까운 욥바로 가서 죽은 여제자 도르가를 살려냅니다. 그리고 베드로는 욥바에 있는 무두장이 시몬의 집에서 여러 날 동안 묵었습니다. 베드로가 이 지역을 방문한 것은 원시 교회 공동체에서 감독기관이나 상부조직과 같은 예루살렘 교회로부터 자신의 목양의 직무를 수행하기 위한 시찰여행이었을 것으로 추정할 수 있습니다(Haenchen, 1971: 498). 바로 욥바에서 베드로는 환상을 보고 이어서 고넬료의 회심을 주도하게 됩니다. 먼저 베드로의 환상을 기록한 본문을 살펴보도록 하겠습니다.

사도행전 10:9 – 16

9 이튿날 저들이 길을 가다가, 욥바에 가까이 이르렀을 때에, 베
드로는 기도하려고 지붕으로 올라갔다. 때는 오정쯤이었다.

(Τῇ δὲ ἐπαύριον ὁδοιπορούντων ἐκείνων καὶ τῇ πόλει
ἐγγιζόντων ἀνέβη Πέτρος ἐπὶ τὸ δῶμα προσεύξασθαι περ
ὶ ὥρανἕκτην.)

10 그는 배가 고파서, 무엇을 좀 먹었으면 하는 생각이 들었다. 사
람들이 음식을 장만하는 동안에, 베드로는 황홀경에 빠져 들어갔다.

(ἐγένετο δὲ πρόσπεινος καὶ ἤθελεν γεύσασθαι·
παρασκευαζόντων δὲ αὐτῶν ἐγένετο ἐπ᾽ αὐτὸν ἔκστασις,)

11 그는, 하늘이 열리고, 큰 보자기 같은 그릇이 네 귀퉁이가 끈
에 매달려서 땅으로 드리워져 내려오는 것을 보았다.

(καὶ θεωρεῖ τὸν οὐρανὸν ἀνεῳγμένον καὶ καταβαῖνον
σκεῦός τι ὡς ὀθόνην μεγάλην τέσσαρσιν ἀρχαῖς
καθιέμενον ἐπὶ τῆς γῆς,)

12 그 안에는 온갖 네 발 짐승들과 땅에 기어 다니는 것들과 공
중의 새들이 골고루 들어 있었다.

(ἐν ᾧ ὑπῆρχεν πάντα τὰ τετράποδα καὶ ἑρπετὰ τῆς γῆς καὶ
πετεινὰ τοῦ οὐρανοῦ.)

13 그때에 "베드로야, 일어나서 잡아먹어라." 하는 음성이 들려
왔다.

(καὶ ἐγένετο φωνὴ πρὸς αὐτόν, Ἀναστάς, Πέτρε, Θῦσο
καὶ φάγε.)

14 베드로가 대답하였다. "주님, 절대로 그럴 수 없습니다. 나는
속되고 부정한 것은 한 번도 먹은 일이 없습니다."

(ὁ δὲ Πέτρος εἶπεν, Μηδαμῶς, κύριε, ὅτι οὐδέποτε ἔφαγον
πᾶν κοινὸν καὶ ἀκάθαρτον.)

15 그랬더니 두 번째로 음성이 다시 들려왔다. "하나님께서 깨
끗하게 하신 것을 속되다고 하지 말아라."

(καὶ φωνὴ πάλιν ἐκ δευτέρου πρὸς αὐτόν, Ἀ ὁ Θεὸς
ἐκαθάρισεν σὺ μὴ κοίνου.)

16 이런 일이 세 번 있은 뒤에, 그 그릇은 갑자기 하늘로 들려
서 올라갔다.

(τοῦτο δὲ ἐγένετο ἐπὶ τρίς, καὶ εὐθὺς ἀνελήμφθη τὸ
σκεῦος εἰς τὸν οὐρανόν)

베드로가 깨끗한 것과 부정한 것을 엄격하게 구별하여 유대의
정결법을 충실하게 지켰다고 하면 안디옥 사건에서 바울로부터 공
개적으로 비난을 받지 않았을지도 모르는 일입니다. 베드로가 환상
을 경험한 이후 최초의 이방인에게 복음을 전하게 된 고넬료의 회

심 과정에 주역을 행한 사실을 감안한다면 바울보다는 오히려 베드로가 이방인 선교에 하나님의 부르심을 받은 적임자로 간주될 수도 있었을 것입니다. 그리고 고넬료 회심을 통하여 이방인 선교의 합법성이 전적으로 인정을 받았었다면 예루살렘 회의와 사도칙령이 불필요한 상황이 전개되었을지도 모릅니다. 베드로는 환상에서 들려오는 음성이 주님의 음성인 줄을 알면서도 하나님의 명령을 거부하였습니다. 왠지 석연치 않은 부분입니다. 이제부터 베드로 환상의 텍스트를 절 단위로 살펴보겠습니다.

9절은 "이튿날 저들이 길을 가다가, 욥바에 가까이 이르렀을 때에, 베드로는 기도하려고 지붕으로 올라갔다. 때는 오정쯤이었다." 우리는 여기서 욥바라는 지역을 주목할 필요가 있습니다. 욥바는 유대 북쪽 아코만(Bay of Acco)으로로부터 이집트 국경에 이르는 지중해 연안의 유일한 천연 항구입니다. 예루살렘으로로부터 55킬로미터 떨어져 있습니다. 이 지역은 여호수아가 가나안을 점령했을 때 단지파에 속했습니다. 솔로몬이 성전을 건축할 때에도 레바논의 목재가 욥바로 실려 왔고 다시 욥바에서 육상으로 예루살렘까지 운반되었습니다. 요나가 다시스로 도망갈 때에 배를 탔던 항구가 욥바였습니다. 요나가 이방인의 도시 니느웨를 피하여 지중해의 서쪽 끝 지역인 다시스로 도망을 가는 출발점이 바로 욥바입니다. 이제 베드로가 욥바에서 이방인 선교 시대를 여는 서막을 준비하고 있습니다. 욥바는 아우구스투스가 B.C. 31년 로마의 황제가 되어서 헤롯의 통치를 인정하고 유대인과 좋은 관계를 유지하기 위하여 헤롯에게 돌려준 땅이며, 이때에 사마리아와 가자 지구와 함께 포함되었습니다. 원래 욥바는 로마 제국이 그곳에 거주하고 있던 이방인과 그들의 문화를 보호하기 위하여 점령하였던 곳입니다(Wright, 1946: 75). 욥바는 항구로서 그곳에서 많은 사람들과 물류와 문화의 교류가 이루어져 왔었던 것입니다. 욥바는 이방인과 이방인의 문화에 매우 친숙한 도시였습니다. 욥바는 지리적으로나 사회문화적으로 이방인 선교를 펼치기 위한 최적의 무대라고 할 수 있습니다.

지금 베드로가 유숙하고 있는 곳은 시몬의 집입니다. 그는 무두장이로서 가죽을 다루는 유대인이었습니다. 짐승의 시체에서 가죽을 다루는 일을 하고 있었으므로 유대의 정결법에 의하면 그는 부정한 사람입니다. 부정한 무두장이는 직업으로서 경멸의 대상이었습니다. 만일 여자가 남자의 직업이 무두장이인 줄 모르고 약혼했다면 그 약혼은 무효가 되었을 정도입니다. 또한 무두장이의 집은 마을에서 50큐빗 이상 떨어져 있어야 했습니다. 베드로가 무두장이의 집에 여러 날 머물렀다는 사실 자체가 정결법에 엄격한 유대인으로서는 용납할 수 없는 일입니다. 시몬이라는 이름으로 보아 그는 유대인 신도였을 것입니다. 여기서만 놓고 본다고 해도 베드로는 환상을 보기 이전에 이미 유대의 정결법에 관해 마음을 쓰지 않고 있다는 반증이 됩니다. 베드로는 열린 태도와 입장을 갖고 있었을 것으로 어렵지 않게 짐작할 수 있습니다. 그렇지 않았다면 유대인 베드로는 정결법에 따라 시몬의 집에 머물 수 없었을 것이기 때문입니다.

지금 상황은 이렇습니다. 베드로는 이방인과 이방인의 문화가 전혀 낯설지 않은 도시 욥바에서 무두장이 시몬의 집에서 유숙하고 있습니다. 무두장이는 정결하지 않은 사람이며 따라서 무두장이 집에 머무르는 것 자체가 정결법을 이미 어기고 있습니다. 베드로 역시 그 사실을 잘 알고 있었을 것입니다. 모를 리가 없습니다. 그렇다면 그는 이방인과 이방인의 문화에 대해 수용적이며 긍정적인 열린 마음을 갖고 있었을 것이라고 단정할 수 있습니다. 적어도 그의 의식의 차원에서는 그렇다는 것입니다. 의식의 차원이라 함은 베드로 자신도 모르는 자신의 속마음, 즉 무의식이 아니라 그가 생각하고 행동하는 의식적인 영역을 말합니다. 무의식적으로는 아직 모르겠으나 적어도 의식적으로는 이방인과 이방인 문화를 받아들이고 있다는 사실입니다. 이 이전의 베드로의 행적이나 이방인을 상대로 복음을 전하였던 과거의 일을 말하지 않아도 그렇다는 것입니다.

고넬료가 보낸 사람들이 욥바에 가까이 이르렀을 때 베드로는 기도하러 지붕으로 올라갑니다. 이것은 누가의 설정입니다. 베드로는 고넬료가 보낸 사람이 가까이 왔다는 사실을 아직은 전혀 알고 있지 못합니다. 베드로의 이전 행적과 이방인에 대한 베드로의 열린 마음을 보면 그는 당연히 고넬료가 보낸 사람을 만나 그들의 요구를 들어줄 것입니다. 그리고 즉시 고넬료에게 달려가서 그에게 복음을 전하였을 것입니다. 그러나 베드로는 그들을 만나기 전 환상을 보게 됩니다. 환상은 의식의 정신활동과는 달리 마음대로 할 수 없는 무의식의 정신활동입니다. 우리가 꿈을 우리 마음대로 꿀 수 없듯이 환상 역시 마찬가지입니다. 꿈이나 환상은 자기가 원하는 것을 보는 것이 아니라 우리에게 보이는 것입니다. 환상에 나타난 베드로는 이전의 모습과는 전혀 다른 사람처럼 행동합니다. 평소 베드로의 언행과는 도무지 맞지 않는 모습을 보여주고 있습니다. 베드로의 의식적인 언행과 거기에 나타난 신조, 신념 등과는 전혀 다른 모습입니다.

지붕은 편편합니다. 유대 사람들은 여름에 지붕에서 잠을 자기도 하였습니다. 사람들은 건포도나 무화과 열매를 햇볕에 말리기 위하여 지붕을 이용하기도 하였습니다(IBD, 671). 욥바는 높은 언덕의 꼭대기에 세워진 도시이며 해안가에 바로 인접한 지역에 자리 잡고 있었습니다. 아마도 지붕에 올라가면 아름다운 지중해의 모습이 내려다보였을 것입니다. 욥바라는 이름은 아름다움을 의미합니다(A B, Vol.3, 946). 지붕에서 내려다보이는 항구의 모습이 무척 아름다웠을 것입니다. 욥바 항구를 드나드는 배의 모습이 한눈에 들어왔을 것입니다. 시간은 정오입니다. 베드로가 정오 시각에 햇볕을 가릴 차양물이 아무것도 없는 지붕 꼭대기에서 기도를 했다고는 상상할 수 없습니다(Lenski, 1974: 328). 천막과 같은 차양물이 설치되어 있었을 것입니다. 9절의 이미지를 상상해 봅시다. 베드로는 지붕에 올라 머리 위 햇볕을 막기 위한 천막과 같은 차양물 아래에서 욥바 항구를 내려다보고 있습니다. 무두장이 시몬의 집입니다. 욥바가 지중해 연안의 유일한 천연 항구였다는 사실로 보아 항상 많은 배들이 항구에 드나들었을 것입니다. 정결하지 않은 무두장이 시몬의 집, 유대의 영토이면서도 이방문화가 낯설지 않은 도시 욥바, 돛을 달고 항구로 드나드는 배, 이와 같은 세팅을 누가는 9절에서 설정하고 있습니다. 바로 이러한 배경을 두고 베드로는 의식의 세계에서 무의식의 영역으로 빠져 들어가 환상을 보게 됩니다. 그는 이제 환상의 세계로 들어갑니다. 환상은 무의식입니다. 베드로가 환상에 빠져 들어가는 시점에 맞추어 고넬료가 보낸 사람들이 욥바에 도착합니다. 이와 같은 동시성이 베드로의 무의식이 무엇과 연관되는 것인지 그 주제를 강하게 암시하고 있습니다.

　10절에서 베드로는 배가 고픔을 느낍니다. 아직은 의식적인 느낌입니다. 시각이 오정이었고 사람들이 아래에서 음식을 장만하고 있었다고 했으니 배가 고파 무엇인가 먹고 싶은 생각이 들었다는 것은 자연스러운 일입니다. 시장하다는 문구로써 누가는 환상을 준비하고 있습니다(Haenchen, 1971: 510). 그리스와 로마에서는 열두 시경에 점심을 먹었으나 유대인들은 오전에 아침 식사를 했고 오후 늦게 만찬을 하는 것이 일반적인 습관이었습니다(Haenchen, 1971: 510). 그렇다면 유대인 베드로가 유대식 식사법을 지키고 있었다면 일반적으로 오정은 배가 고픔을 느끼는 시간은 아닙니다. 그렇다고 베드로가 그리스와 로마의 이방인들 식사법을 따랐다고는 볼 수 있는 어떤 암시도 없습니다. 그러면 아래에서 장만하고 있던 음식은 무엇이었을까요? 그것이 보통의 식사라는 시사를 주지 않고 있습니다(Haenchen, 1971: 510). 설화자는 베드로의 환상을 기록하기에 앞서 오정 시각에 사람들이 아래에서 음식을 장만하고 있었으며 또 베드로가 시장했다고 왜 비교적 자세하게 언급했을까요? 배가 고파서 무엇을 먹고 싶다는 상태는 속이 비어 있음을 의미합니다. 속이 비어 있어야 채울 수 있습니다. 그런데 오정 시각에 음식을 장만하고 배고픔을 느끼는 것은 유대식의 식습관이 아니라 그리스와 로마 사람들, 즉 이방인의 식습관입니다. 바로 이방인의 식습관을 배경으로 설정한 것이 뒤이어 전개될 베드로의 환상의 주제를 강하게 암시하고 있다고 생각할 수 있습니다. 예수께서도 광야에서 시험을 받으시기 전에 사십 일을 금식하시고 배고픔을 느끼셨습니다. 시장하신 상태에서 예수는 시험을 받은 것입니다. 베드로 역시 시장한 상태에서 황홀경(ἔκστασις)에 빠져듭니다. 고넬료 역시 환상을 보게 되나 시간이 오후 3경이었고 베드로처럼 시장한 상태는 아니라는 사실이 베드로와 비교됩니다. 황홀경은 성서에서는 예언의 현상과 관련하여 사용되고 있습니다(ABD Ⅱ, 280). 종교적인 의미에서 황홀경은 신이나 초자연적인 대상과의 만남의 장(場)입이다. 황홀경은 사람의 몸이 영에 사로잡히는 것이며 신적인 존재에 의하여 사람이 잡힌 바 되는 것입니다. 그리고 그 만남은 의식의 상태에서 만남이 아니라 무의식의 만남입니다. 융은 황홀경을 정신의 영역에서 무의식의 세계에 빠져드는 것으로 보고 있습니다. 황홀경은 꿈이나 환상과 같이 무의식의 세계를 경험하는 면에서는 동일한 것입니다.

11절. 지금 베드로는 무의식의 상태로 들어와 있습니다. 하늘이 열리고, 큰 보자기 같은 그릇이 네 귀퉁이가 끈에 매달려서 땅으로 드리워져 내려오는 것을 보고 있습니다. 하늘이 열리는 것은 베드로가 보게 될 환상이 하나님으로부터 올 것임을 말합니다. 에스겔 역시 하나님이 하늘을 열어 보여주신 환상을 보았습니다(겔 1:1). 하늘은 하나님이 계시는 곳이고(시 115:3), 하늘은 하나님의 것입니다(시 115:16). 하늘로부터 내려온 사람은 인자밖에 없으며 인자만이 다시 하늘로 올라가신다고 기록하고 있습니다(요 3:13). 하늘은 하나님이 계시는 곳이어서 이 우주의 중심입니다. 베드로의 환상이 하늘이 열리는 것으로 시작된다는 사실은 환상이 하나님과의 소통의 수단이라는 성서적 전통과 맥을 같이하고 있음을 암시하고 있습니다.

베드로는 하늘이 열리는 것을 보는 그것만으로도 충분하지 않습니다. 그는 이제 무의식의 세계 안에 들어와 있습니다. 그는 더 이상 의식의 지배를 받지 않습니다. 우주의 중심이 하나님이 계시는 하늘이듯이 베드로 정신체계의 중심은 자기(the Self)[22]입니다. 자기는 융의 분석심리학 모델에서는 전체 정신의 통제 센터로서 하나의 단위로 작용하는 정신세계의 전체를 의미하기도 합니다. 우리의 정신세계를 소우주라고 비유한다면 자기는 하늘에 해당됩니다. 자기는 질서의 중심적 원형이며 동시에 개인적 자아 정체성의 원형적 주형(鑄型)이기도 합니다. 그런데 이런 자기를 심리구조에서 자기는 가장 경험할 수 없는 것이라고 융은 설명하고 있습니다.[23] 황홀경에 빠져 환상을 보게 되는 베드로에게 맨 처음 보이는 것은 하늘이 열리는 이미지입이다. 이어지는 환상에서 베드로는 하나님이 보여주시는 광경을 보고 하나님의 음성을 듣습니다. 하늘이 열리는 것은 묵시문학에서도 쉽게 찾아볼 수 있는 세팅입니다. 융의 모델로 설명하면 베드로는 무의식의 문이 열리고 베드로 정신체계의 중심인 자기가 전해주는 소리를 듣고 있습니다. 하늘이 열리면서 예언자들이 하나님과 소통하였듯이 무의식의 세계로 들어가 전체 정신세계의 중심인 자기(the Self)와 소통하는 것입니다.

---

22) 자기(自己, the Self)란 의식과 무의식을 통튼 하나인 그의 전부를 말한다. 이것이 원형으로 다루어지는 이유는 전체가 되고자 하는 힘이 원초적으로 인간에게 조건 지어져 있다는 견해에서 온 것이다. 자기란 글자 그대로 그 사람 자신을 말한다. 어느 다른 누구도 아닌 '그 사람의 전체'를 말한다는 뜻에서 진정한 의미의 개성과 같은 말이다. 이 개성은 의식에 나타나 있는 자아의 일회성이나 특수성을 말하는 것이 아니라 의식과 무의식을 통튼 전체로서의 그 사람의 전체 성품을 말한다. 그 사람의 '본성'이다. 이러한 자기는 상징을 통하여 스스로의 모습을 나타내는데 그 하나가 만다라(Mandala)이다(이부영, 2006: 112-114).

23) 그래서 자기를 현상학적으로 하나님이라고 부른 것과 구별할 수 없다고 융학파는 주장한다(Hall, 1983: 11).

하늘은 하나님이 계시는 곳이기 때문에 사람을 살리는 생명이
연유하는 곳입니다. 생명을 살리는 하늘은 우리나라 민담에도 자주
등장하고 있습니다. 우리가 잘 알고 있는 호랑이와 오뉘의 민담에
서도 하늘이 등장합니다.

한 마을에 홀어머니가 오뉘를 데리고 살았는데 하루는 어머니가 산 너머 마을
에 떡 팔러 가다가 호랑이를 만났다. 호랑이는 마침 배가 몹시 고프던 차라
한입에 어머니와 떡함지까지 삼키고는 그래도 배가 고파서 오뉘까지 잡아먹으
려고 어슬렁어슬렁 오뉘가 사는 집까지 내려왔다. 오뉘는 문을 꼭 잠그고 방
안에 있는데 호랑이는 꾀를 내어 문을 두드리며 어머니 목소리로 문을 열라고
한다. 오빠가 어머니 온 줄 알고 문을 열어주려고 하는데 누이가 오빠를 말리
면서 엄마 목소리 같지 않다고 호랑이에게 손을 보여줄 것을 요구한다. 그러
자 호랑이는 문틈으로 손을 들이밀었다. 오뉘가 보니 엄마라는 손에 털이 많
은 것을 보고 이상히 여겨 문틈으로 살짝 내다보니 무서운 호랑이가 거기 서
있는 것을 발견한다. 오뉘는 뒤뜰에 있는 대추나무로 호랑이를 피하여 올라간
다. 그러자 호랑이가 광에 가서 도끼를 꺼내다가 쾅쾅 찍으면서 올라온다. 절
체절명의 순간이다. 꼼짝없이 호랑이밥이 될 지경이다. 오뉘는 눈을 감고 하늘
에다 빌었다. "하느님, 하느님. 우리를 살리려거든 성한 동아줄을 내려주시고
죽이려거든 썩은 동아줄을 내려주십시오." 그러자 하늘에서 성한 동아줄이 내
려와 오뉘는 그 동아줄을 타고 하늘로 올라가서 해와 달이 되었다. 호랑이도
하늘에 대고 오뉘와 같이 똑같이 빈다. 이번에도 동아줄이 내려오는지라 호랑
이는 좋아라고 동아줄에 매달리는데, 그 동아줄이 썩은 동아줄이어서 툭 끊어
지면서 호랑이는 그만 수수밭에 떨어져 피를 쏟고 죽었다(이현주, 1991: 53).

이 민담에 등장하는 하늘 역시 생명의 공간입니다. 하늘은 생명
을 살릴 수도 있고 죽일 수도 있습니다. 하늘에서 줄이 내려옵니
다. 그 줄은 잡는 사람에 따라서 성한 동아줄일 수도 있고 썩은
동아줄일 수도 있습니다. 성한 동아줄은 생명의 줄이고 썩은 동아
줄은 죽음의 줄입니다. 베드로의 환상에서는 하늘에서 큰 보자기
같은 그릇이 네 귀퉁이가 끈에 매달려서 땅으로 드리워져 내려옵

니다. 그 안에 있는 것 역시 보는 사람에 따라서 깨끗할 수도 있고 부정한 것일 수도 있습니다.

큰 보자기 같은 그릇(δκεύός τι ὡς ὁθόνην μεγάλην)은 베드로가 황홀경에 몰입하기 전 지붕에서 내려다 본 지중해의 모습이 환상의 이미지와 연관되었을 수도 있습니다(Penner, 2003: 506). 보자기 같은 그릇은 욥바 항구를 드나드는 큰 범선의 모습과 흡사합니다. 보자기는 범선의 돛의 이미지이고 그릇은 범선의 이미지를 연상케 한다는 의미입니다. δκεύός의 영어 단어인 vessel은 그릇이라는 뜻과 함께 비교적 큰 배를 의미하기도 합니다. 또한 보자기로 번역된 ὁθόνην은 아마포를 의미하며 이로부터 돛(sail)의 의미로 파생되었습니다. 하늘에서 내려온 것은 그릇이었으나 베드로는 그것을 보자기로 보고 있습니다. 문제는 베드로가 어떻게 인식하였는가 하는 것입니다. 그것이 중요합니다. 베드로는 보자기를 봅니다.

보자기는 이스라엘 민족이 광야 생활 중 회막 안에서 가장 거룩한 물건을 싸는 데 필요한 것이었습니다(민수기 4:4 - 15). 증거궤, 제물을 담는 병들과 잔, 불 켜는 등잔대와 거기에 딸린 모든 기구를 여러 가지 색깔의 보자기로 쌌습니다. 이들은 이스라엘 민족의 정체성을 상징하는 표상입니다. 보자기는 이스라엘 민족의 정체성을 상징하는 회막의 거룩한 물건들을 안전하게 자신의 품 안으로 담아 들입니다. 보자기는 몸에 닿아서는 안 되는 금기를 담고 있습니다. 금기를 어기게 되면 죽게 됩니다. 아론과 그의 아들들이 싸 놓은 회막의 거룩한 물건들이 사람의 몸에 닿았다가는 죽습니다(민수기 4:15). 베드로에게도 보자기는 회막의 거룩한 것을 담는 유대인의 정체성을 지켜주는 보자기입니다. 거룩함은 부정한 것과 항상 구별됩니다. 거룩함과 부정함은 그 자체 절대적인 기준에서 나오는 것이 아니라 구별함에서 나오는 것입니다.

베드로의 환상에서 보자기는 부정한 것을 담고 있습니다. 큰 보자기 안에 담긴 것은 거룩한 것이 아니라 부정한 것입니다. 부정한 것은 거룩한 것을 전제로 합니다. 거룩한 것이 없으면 부정한 것도 없을 것입니다. 여기에서도 보자기는 금기를 담고 있습니다. 보자기는 거룩한 것과 부정한 것 모두를 담습니다. 그리고 거룩한 것과 부정한 것은 모두 금기 대상입니다. 보자기에 담긴 것을 주님은 깨끗한 것이니 일어나 잡아먹으라고 하고, 베드로는 그것을 부정한 것이라고 항변하면서 주님의 명령을 완강하게 거부하고 있습니다. 단지 베드로가 보자기가 담고 있는 것을 부정한 것이라고 생각하고 있을 뿐입니다.

정결법을 포함한 모세의 율법은 유대인들에게는 국가적 정체성과 같은 것입니다. 유대인의 정체성은 그들에게는 생명 그 자체입니다. 융에 의하면 무의식 상태에서 떠오르는 이미지는 그것들이 비논리적이고 통일되지 않아 의식의 세계와 전혀 무관한 것처럼 보여도 그것은 무의식의 콤플렉스나 원형적 이미지(archetypal images)를 반영합니다. 이런 관점에서 보면 베드로는 지금 유대인으로서는 생명보다 더 중요한 유대인의 정체성의 문제와 씨름하게 될 것임을 큰 보자기 같은 그릇이 암시한다 하겠습니다.

보자기는 거룩한 것과 부정한 것 사이에 중립적입니다. 보자기 자체는 거룩하지도 부정하지도 않습니다. 또한 금기 품목에 해당되지도 않습니다. 보자기는 거룩한 것과 부정한 것 모두를 담습니다. 지금 베드로는 보자기에서 모든 종류의 살아 있는 피조물들을 보고 있습니다. 환상에서 하늘이 열리고 보자기가 내려옵니다. 하늘에 생명이 존재하고 하늘로부터 생명을 부여받습니다. 하늘에서 내려온 보자기 안에 생명이 담겨 있습니다. 보자기는 생명을 잉태하고 키워내는 어머니 자궁 안의 생명체와 같은 것입니다. 그럼에도 베드로는 보자기 안의 생명을 부정한 것으로 인식할 뿐입니다. 하늘의 예루살렘과 지상의 예루살렘의 이중성이 대극의 관계에 있듯이 보자기와 보자기 안에 담겨진 생명은 깨끗한 것과 부정한 것이 모두 금기의 형태로 대극을 이루고 있습니다. 이는 이중 모성(dual mother)의 모습입니다.

12절. 그 안에는 온갖 네발짐승들과 땅에 기어 다니는 것들과 공중의 새들이 골고루 들어 있었습니다. 여기서 열거된 목록은 창세기 1:24를 상기시키고 있습니다. 물고기를 언급하지 않은 것까지 동일합니다. 물고기를 그릇에 담을 수는 없었을 것입니다. 롬 1:23을 보면 이와 같은 피조물의 열거 목록이 관행적이었음을 알 수 있습니다(Haenchen, 1971: 510). 분명한 사실은 모든 종류의 살아 있는 피조물이 들어 있었다는 것입니다. 온갖 혹은 모든(πάντα)이라는 수식어는 깨끗한 것과 부정한 것이 함께 뒤섞여 있음을 말합니다. 유대의 전통으로는 먹을 수 있는 깨끗한 것과 먹을 수 없는 부정한 것을 확실하게 구별할 수 있습니다. 그리고 베드로가 본 모든 짐승들과 땅에 기어 다니는 것들과 공중의 새는 베드로가 어릴 적부터 보아 왔던 피조물이었을 것입니다. 베드로는 무의식의 환상을 통해 그에게 보인 피조물이 이 세상의 모든 피조물이라고 믿었을 것입니다.

13절. 베드로는 일어나서 잡아먹으라(Θῦσο καὶ φάγε)는 음성을 들습니다. 잡으라는θῦσο은 제물로 바치다, 제물로 죽이다라는 의미에서 파생된 것입니다. 신비스러운 음성의 주인공이 누구인지는 밝혀지고 있지는 않으나 주님(κύριε)임은 의심의 여지가 없습니다. 이어지는 14절에서 베드로는 음성의 주인공에게 주님(κύριε)이라고 부르고 있기 때문입니다. 베드로는 변화산에서 이미 구름 속에서 들려오는 하나님의 음성을 들은 적이 있습니다. 하늘이 열리고 환상이 보이고 이어서 베드로에게 명령하는 음성은 주님의 음성입니다. 이렇게 연결된 장면은 의심의 여지없이 하나님의 계시를 받고 있음을 의미합니다. 베드로도 음성의 주인공이 주님임을 알고 있습니다. 잡아먹으라(θύσον καὶ φάγε)는 죽여서 먹으라는 것입니다. 여기서 '잡아'로 사용된 동사 θύω의 원뜻은 제물로 바치다, 제물로 죽이다(to kill as a sacrifice)입니다. 그러나 여기서는 그와 같은 특별한 의미를 상실한 채 단순히 죽이는(to kill) 것을 의미하고 있습니다(Newman, 208). 이에 대하여 Alexander는 동사 θύω의 본래적 의미가 희석된 것이 아니라고 주장합니다. 그는 뒤이어 나오는 먹으라(to eat)는 명령이 단순히 배고픔을 면하기 위한 것이 아니며 희생제물을 죽이는 유대의 종교의식을 암시한다고 설명하고 있습니다.

14절. 베드로가 대답합니다. "주님, 절대로 그럴 수 없습니다. 나는 속되고 부정한 것은 한 번도 먹은 일이 없습니다." 에스겔 4:14에서처럼 "주님, 절대로 그럴 수 없습니다."라고 단호하게 거절하고 있습니다. 절대로(Μηδαμῶς)는 대단히 강하고 단호한 부정을 표시하는 부사입니다. 이 단어는 신약성서에서 단 한 번밖에 나오지 않습니다. 그는 음식에 관한 계명을 엄격히 지켰으며 속되고 부정한 것을 절대 먹지 않았다고 주장하고 있습니다. 그가 속되고 부정한 것은 한 번도 먹은 일이 없다고 강하게 부정하는 것은 정결법을 철저히 지켰다는 의미인 것입니다. 그의 단호한 주장과는 달리 사실 그는 정결법을 엄격히 지키지 않았습니다. 베드로가 환상이 아니라 의식적으로는 이렇게 강하고 단호하게 정결법을 지켰다고 주장할 수 없었을 것입니다.

또한 하늘에서 내려온 그 짐승들 가운데에는 깨끗한 것도 있다는 점은 고려되지 않고 있습니다(Haenchen, 1971:510). 짐승들은 그 종류에 따라 깨끗하거나 부정한 것일 뿐 깨끗한 짐승들이 부정한 짐승들과 접촉했다고 해서 정결성을 잃지는 않습니다. 베드로의 입장은 전통에 충실한 전형적인 유대인을 반영하고 있습니다. 왜 베드로는 잡아먹으라는 음성이 주님의 음성인 줄을 알면서도 그 명령을 따르지 않았을까요? 마가복음 7:14 – 23에서 예수께서 사람 밖에서 몸속으로 들어가는 것 중에 더러운 것은 아무것도 없다고 말씀하시고 그 의미를 제자들에게 설명해 주셨습니다. 그리고 예수는 모든 음식은 깨끗하다고 이미 선언하셨습니다. 오히려 부정한 것은 사람에게서 나오는 나쁜 생각이라고 예수는 베드로에게 가르치셨습니다. 예수는 정결에 관한 모세의 율법을 염두에 두고 말씀하신 것입니다. 그럼에도 불구하고 왜 베드로는 하나님의 명령을 그토록 강하고 단호한 어조로 거부하였을까요? 이것은 논리적으로 명쾌하게 설명이 되지 않습니다. 지금 베드로는 유대의 정결법으로 보면 같이 유숙해서는 안 되는 무두장이 시몬의 집에 머물러 있습니다. 이러한 사실들이 베드로가 환상에서 보여주는 모세의 율법에서 정한 부정한 짐승에 대한 단호하고 강한 거부와 전혀 합치되지 않는 것입니다. 앞뒤가 전혀 맞지 않는 것입니다. 하나님이 베드로를 시험하기 위해서라고 볼 수 있을까요? 그것은 논리에 억지로 짜 맞추기 위한 것으로 부자연스러워 보입니다. 잡아먹으라는 권고의 음성은 베드로의 무의식에 자리 잡고 있는 정결법의 그림자를 자극한 것이라고 말할 수 있습니다. 그 그림자는 모세의 율법인 정결법이라고 하는 집단의식의 이면에 박혀 있는 그림자라고 할 수 있지요. 그림자의 뿌리가 깊고 단단하게 고착될수록 그림자를 자극할 때 이루어지는 반사적 방어기제는 작용과 반작용의 법칙처럼 '절대적(Mηδαμώς)'으로 강하기 마련일 수밖에 없는 것입니다.

15절. 그랬더니 두 번째로 음성이 다시 들려왔습니다. "하나님께서 깨끗하게 하신 것을 속되다고 하지 말아라." 두 번째로는 셈어적 표현이 아니라 성서 70인 역에 일곱 번 나오고 파피루스 사본들에도 나오는 표현입니다. "하나님께서 깨끗하게 하신 것을 속되다고 하지 말아라." 이 정결의 선포는 그것이 이루어지는 그 순간, 그 현장에서 즉시 이루어집니다(Haenchen, 1971: 348). 깨끗한 것인가 아니면 부정한 것인가 하는 구별은 본래 하나님의 뜻에 의한 것입니다. 하나님이 깨끗하게 하신 것이라면 그것은 더 이상 부정한 것이 아닙니다. 따라서 베드로는 잡아먹으라는 명령에 당연히 순종했어야 했습니다. 그럼에도 불구하고 여전히 베드로는 이를 완강히 거절하고 있습니다. 베드로가 환상이 아닌 의식의 상황에서는 완강하게 거절할 수 없었을 것입니다. 절대로 거절하지 않았을 것입니다. 여기서 그럴 수 없다고 완강하게 거절하는 것은 그의 의식이 아니라 무의식입니다. 그의 무의식은 의식과는 다른 행동을 보이고 있는 셈이지요. 하나님께서 깨끗하게 하신 것을 속되다고 하지 말라는 정결의 선포를 베드로는 여전히 거부하고 있는 것입니다.

16절. 이런 일이 세 번 있은 뒤에, 그 그릇은 갑자기 하늘로 들려서 올라갔습니다. 초대와 거절, 그리고 이 거절에 대한 거부가 두 번 반복되었습니다. 이는 베드로가 완강히 거절하였고, 하늘의 음성은 잡아먹으라는 당초의 명령을 고수했다는 것을 보여주고 있습니다. 팽팽한 대결적인 대화만이 반복되고 그 그릇은 다시 하늘로 들려 올라갑니다. 예상하지 못한 전개는 베드로와 독자들을 어리둥절하게 만들고 있습니다(Haenchen, 1971: 348). 왜 베드로는 하나님이 깨끗하게 하신 것을 잡아먹으라는 명령을 세 번씩이나 완강히 거절했을까요? 왜 세 번이었을까요? 세 번과 관련하여 이미 베드로는 좋지 않은 깊은 회한(悔恨)의 추억을 갖고 있습니다. 베드로는 예수를 세 번씩이나 모른다고 부인했었습니다. 또한 예수는 승천하기 전 디베랴 바닷가에서 베드로에게 세 번씩이나 목양의 당부를 하셨습니다. 세 번이라는 횟수는 베드로에게 특별한 의미를 갖고 있었을 것이라고 어렵지 않게 짐작할 수 있습니다.그런데 베드로는 이번에도 왜 세 번씩이나 그토록 완강하게 하나님의 명령을 어겼을까요? 이런 일이 베드로의 의식의 상태에서 발생하였다면 베드로는 거부하지 않았을 것임은 분명합니다. 그렇다면 이에 대한 대답은 환상이라는 무의식의 상태에서 그 실마리를 찾아야 할 것입니다. 지금 베드로의 의식과 무의식은 분명히 서로 통일되지 못하고 모순되며 대극적인 내용을 말하고 있습니다. 그렇기 때문에 이를 의식의 논리로는 이해할 수 없습니다. 왜 베드로는 무의식의 상태에서 그토록 완강하게 잡아먹으라는 하나님의 명령을 거부하는가? 왜 베드로는 하나님이 깨끗하게 하신 것을 속되다

하지 말라는 명령을 무시하는가? 이러한 질문에 대한 해답을 베드로의 의식적인 측면에서 찾는다면 우리는 이해할 수 없는 모순에 빠질 수밖에 없게 됩니다. 깨끗하다는 주님의 정결선포까지도 받아들이지 않는 베드로의 거부는 환상이라는 무의식의 정신활동에서 발생하고 있음을 우리는 주목해야 합니다.

제7장

베드로의 내면세계와 개성화

1. 그림자 대면과 아니마 예루살렘

1) 베드로의 부인

앞에서 살펴본 바와 같이 베드로는 제자들의 대변인이며 대표자 역할을 수행함으로써 제자 중의 제자로 인정을 받았습니다. 그러나 동시에 베드로는 제자들의 부정적인 행동과 처신에서도 제일 먼저 앞서갔습니다. 예수는 그에게 게바라는 이름을 주었지만 그의 행동이 보여준 믿음은 게바의 뜻처럼 한결같이 반석과 같이 확고부동한 것은 아니었습니다. 물 위로 걸어온 예수를 보고 베드로는 담대하게 물속으로 뛰어들었으나 곧 무서워하여 물에 빠졌습니다. 베드로가 물 위를 걷는 예수와 자신을 전혀 분리하지 못한 혼돈 상태로 융이 말하는 자아팽창(ego inflation)[24]의 상태라고 설명할 수도 있을 것입니다. 자아와 자기의 축은 의식의 상태에서는 아직 분리되지 않아 자아를 자기와 동일시하고 있는 현상이라고 할 수 있습니다.

베드로는 예수의 사전 예고에도 불구하고 세 번이나 예수를 모른다고 부인하였습니다. 이 기사는 복음서에 전부 기록되어 있습니다. 물음과 대답이 공관복음의 병행 구절에서는 커다란 차이를 보이고 있지 않으나 요한복음의 기록은 비교적 담담하게 묘사하고 있습니다. 우선 마가복음의 기록을 살펴보기로 합니다. 대제사장의 하녀 가운데 하나가 베드로에게 첫 번째로 묻습니다. "당신도 저 나사렛 사람 예수와 함께 다닌 사람이지요?" 이에 베드로는 부인하고 자리를 옮겨 바깥뜰로 나갑니다. 그 하녀가 곁에 있는 사람들에게 베드로가 예수와 한패라고 말하고 베드로는 다시 부인합니다. 잠시 후 이번에는 곁에 있는 사람들이 다시 베드로에게 말합니다. "당신이 갈릴리 사람이니까 틀림없이 그들과 한패일 거요." 그러자 베드로는 저주하고 맹세하면서 지금까지 부인하던 것보다 훨씬 더 강하게 부인합니다. 첫 번째는 나사렛 사람 예수와 함께 다닌 사람 두 번째는 예수와 한패 세 번째는 갈릴리 사람이니 예수와 한패라고 몰아붙입니다. 증언과 부인이 점층적으로 한 번, 두 번, 세 번 고조되는 것을 알 수 있습니다. 베드로를 나사렛 예수와 함께 다닌 사람이라고 개인적인 차원에서 출발합니다. 나중에는 갈릴리 사람은 모두 예수와 한패라는 식으로 갈릴리 사람들에 대한

---

24) 무의식의 내용이 투사됨이 없이 안에 머물러 자아의식을 점차 동화해 가면 의식의 변화가 생겨 자아가 신화적인 인물과 동일시하여 이른바 마성인격(魔性人格)이 된다. 자아는 초인적인 힘을 가지고 있는 것처럼 느끼고 스스로 영웅이나 구세주가 된 것 같은 기분으로 행동하는데 이러한 현상을 자아의 팽창(ego inflation)이라고 한다(CW 9 Ⅱ, 44).

비난이 점차 증폭되었습니다.[25]

마태복음의 기록은 마가와 거의 동일합니다. 첫 번째 질문에서 갈릴리 사람 예수와 함께 다닌 사람으로 지목하고 두 번째는 다른 하녀가 나사렛 예수와 함께 다니던 사람이라고 확인합니다. 마지막으로 거기에 서 있는 사람들이 베드로의 말씨를 보고 예수와 한패라고 단정합니다. 세 번의 지목 모두 갈릴리 지역과 연관시킵니다. 누가는 처음 두 번 지목에서는 베드로가 예수와 함께 있었던 사실만 언급할 뿐 갈릴리와는 연관시키지 않고 있습니다. 그러나 마지막에는 누가 역시 갈릴리와 연관시킵니다. 베드로가 갈릴리 사람이니까 틀림없이 예수와 함께 있었다고 확인하였습니다. 그러나 요한복음에서는 베드로의 부인과 갈릴리와의 연관은 직접적으로 거론되지 않고 있습니다. 베드로가 예수의 제자 가운데 하나이며 동산에서 같이 있었다고 말할 뿐입니다. 이에 대하여 베드로 역시 맹세나 저주를 하지 않고 담담하게 부인한 것으로 기록하고 있습니다. 그 이유를 콘첼만이 지적한 대로 요한복음은 '갈릴리와 예루살렘'의 도식을 포기한 데서 찾을 수 있을 것입니다(Conzelmann, 1987: 579).

왜 베드로는 세 번씩이나 예수를 모른다고 부인했을까요? 예수께서는 베드로가 부인할 것을 분명하게 예고하였습니다. 그 시기도 그날 밤 닭이 울기 전이라고 구체적으로 알려주었습니다. 그럼에도

---

25) 갈릴리는 마가복음에서 특별한 신학적 의미를 갖고 있다. 요한이 잡힌 뒤에, 예수께서 갈릴리에 오셔서, 하나님의 복음을 선포하셨다. '갈릴리로'라는 이 한 마디가 예수의 소명을 단적으로 나타낸다. 즉 세례 요한이 헤롯 안티파스에 의해 체포된 바로 이 사건을 계기로 삼은 것은 갈릴리에서 예수 자신의 소명적 성격을 규정한다(안병무, 1998: 92). 마가에 있어서 갈릴리 지방과 유대 지방이 단순히 지리적 영역만을 의미하고 있지 않다고 로마이어(Lohmeyer)와 라이트푸트(Lightfoot)는 주장한다(Conzelmann, 1987: 240).

불구하고 왜 베드로는 부인하고 그것도 모자라 저주하고 맹세까지 하였을까요? 맹세를 하는 것은 하나님을 증인으로 세우고 증언하는 극단적인 표현입니다. 유대사회에서 맹세는 그 사람과의 관계를 끊을 때 사용하는 표현입니다. 왜 베드로는 예수를 모른다고 극단적인 맹세까지 했을까요? 베드로의 비겁함 때문에 그랬을까요? 아니면 예수와 한패라고 체포될까 두려움 때문이어서 그랬을까요? 제자들의 대변인이자 대표자 역할을 하던 베드로의 당당한 모습은 어디로 사라졌습니까? 왜 그리 초라한 모습을 보이고 있는 것입니까? 예수의 제자로서 예수께서 행하신 그 많은 이적 기사와 복음 선포는 아무것도 아니었다는 말입니까? 베드로는 예수를 세 번 부인한 후에 예수의 말씀이 생각나서 몹시 울었다고[26) 기록하고 있습니다. 일반적으로 베드로의 울음을 수치스러움과 후회의 울음으로 이해하고 있습니다. 그의 울음이 단순히 수치와 후회의 울음이었을까요? 정말로 베드로는 예수를 세 번이나 부인하면서 예수의 부인 예고를 기억해 내지 못해서 그랬을까요? 이 모든 질문에 대하여 인간의 나약함과 두려움만으로 설명하는 데에는 선뜻 동의할 수 없습니다. 무엇인가 석연치 않은 구석이 있습니다. 또한 베드로의 나약함과 두려움 때문에 그랬었다면 그것은 어디에서 연유한 것일까요?

여기서 우리는 베드로의 내면의 심리에 주목하고자 합니다. 베드로를 예수와 같은 갈릴리 한패라고 주장한 대제사장의 하녀와 사람들은 베드로의 내면에 자리하고 있는 갈릴리 콤플렉스를 자극

---

26) 이 점에서도 공관복음서와 제4복음서의 기록에는 큰 차이가 있다. 공관복음서는 베드로가 예수의 말씀이 생각나서 몹시 울었다고 기록하고 있으나 제4복음서는 단순히 부인한 사실만 전할 뿐 울었다는 사실을 언급하지 않는다.

하였습니다. 그것은 의식의 영역이 아니라 무의식의 영역입니다. 무의식의 영역에 있는 것들은 우리가 인식할 수 없는 것들입니다. 갈릴리 콤플렉스는 그의 무의식 안에 자리 잡고 있습니다. 베드로 자신도 의식하지 못하는 무의식의 갈릴리 콤플렉스, 즉 베드로의 개인 무의식에 내재된 갈릴리 콤플렉스는 융이 말하는 일종의 집단적 그림자(collective shadow)라고 할 수 있습니다. 그의 무의식 세계에 자리 잡고 있는 갈릴리 콤플렉스는 어제 오늘의 문제가 아니라 예루살렘과 갈릴리의 대극적인 관계에서 유대사회의 역사와 문화 속에서 아주 오랜 세월 동안 형성되어 딱딱하게 굳은 퇴적암과 같은 것입니다.

우리는 그림자를 경험할 때 그것을 의식적으로 인식하지 못합니다. 그러나 우리 자신도 모르게 당황하게 되거나 고통을 느끼게 됩니다. 그것이 집단적 그림자인 경우, 또한 그것이 아주 오랜 세월 동안 고착되어 국가와 사회의 정체성이라는 두꺼운 껍질을 이루고 있어서 자신의 생사와 관련될 정도로 극심한 위험상황일 때에는 그것으로 인해 우리가 겪게 되는 고통과 저항의 강도는 훨씬 더 극심할 것입니다. 갈릴리와 예루살렘은 서로 대극 관계에 있습니다. 지금 갈릴리 사람 베드로는 예루살렘의 심장부인 대제사장의 집 안에서 그의 적대자들로부터 갈릴리 사람이라는 의심을 받고 있습니다. 이는 베드로가 자신의 갈릴리 콤플렉스, 자신의 그림자와 정면으로 마주 보고 있는 상황입니다. 피할 수 없는 막다른 골목에 갇힌 상황처럼 예루살렘의 사람들은 갈릴리 사람 베드로를 공격하고 베드로는 이를 부인함으로써 필사적으로 방어하고 있는 것이라 할 수 있겠습니다. 부인은 외적인 상황이 감당하기 어려울

때 일단 그 상황을 거부하여 심리적인 상처를 줄이기 위한 방어기제입니다(박종수, 2004: 56).

　베드로는 지금 하녀와 사람들로부터 외부적인 공격을 받고 있습니다. 그러나 그는 동시에 갈릴리 콤플렉스로 억압된 집단의식의 그림자로부터도 이중의 공격을 받고 있는 것입니다. 베드로에 대한 외부의 공격이 거세질수록 그에 대한 베드로의 방어기제도 한층 더 강화되고 있습니다. 베드로는 지금 자신의 그림자에 직면하고 있지만 아직은 그림자의 실체를 인정하지 못하고 인식하지도 못하고 있습니다. 아직 그림자는 무의식의 영역에 머물고 있기 때문입니다. 다만 본능적이며 어둡고 열등적인 그림자에 대한 격렬한 반발과 무의식적인 방어기제만 작용하고 있을 뿐입니다. 오랜 세월 동안 쌓여 온 두꺼운 갈릴리 콤플렉스에서 벗어나지 못하고 그 어둡고 열등적인 면에만 집착하고 있는 것은 아닐까요? 그래서 그는 갈릴리 사람이라는 지적에 격렬하게 반발하고 그 결과로 예수를 세 번이나 부인한 끝에 종국에 가서는 맹세와 저주를 하지 않았을까요? 갈릴리라는 집단의식의 그림자 역시 양면성을 지니고 있습니다. 부정적인 그림자도 의식화 정도에 따라서 언제든지 긍정적인 요인이 될 수 있습니다. 갈릴리라는 집단의식의 콤플렉스에도 긍정과 부정의 양면성이 존재합니다. 예루살렘에 대한 열등감이 갈릴리의 부정적인 콤플렉스라고 한다면 예수 공동체의 진원지로서의 갈릴리는 예루살렘에 대한 긍정적인 콤플렉스입니다. 그러나 아직은 자신의 콤플렉스에 대한 적대자들의 계속적인 공격 때문에 베드로는 그의 그림자의 긍정적인 다른 측면을 보지 못하고 있는 것이라 할 수 있습니다. 이런 모든 과정이 베드로의 무의식의 정신세계 안에서 이루어지고 있습니다. 그렇기 때문에 하룻밤도 지나지 않은 예수의 부인 예고를 의식의 세계로 전혀 떠올리지 못하고 본능적으로 자신의 생존을 위하여 예수를 부인하고 있는 것입니다. 그렇기 때문에 예수의 부인 예고에 답하여 죽는 한이 있을지라도 절대 부인하지 않겠다고 한 그의 굳은 다짐도 아무런 소용이 없는 것입니다. 그것은 베드로의 의식이 약속하는 다짐일 뿐입니다. 아직도 베드로는 갈릴리 콤플렉스라는 집단적 그림자에서 벗어나지 못하고 있는 상황에서, 무의식이 의식을 압도하는 자신의 정신세계의 침범 앞에는 그런 약속이 아무런 힘을 쓰지 못하고 있는 것입니다.

베드로가 제사장의 뜰 안에서 예수를 세 번이나 모른다고 부인한 것은 갈릴리와 예루살렘의 대극적인 관계에서 이해할 수 있습니다. 베드로의 갈릴리 콤플렉스는 대극의 다른 극단에 위치한 예루살렘과 결합하여 발생한 결과입니다. 베드로가 예수를 부인한 현장은 대제사장의 집 뜰 안으로 이곳은 예루살렘의 심장부입니다. 베드로는 갈릴리와 예루살렘에 대한 콤플렉스 중에서도 대극의 양(兩) 극점(極點)에 내몰려 있습니다. 그는 지금 무의식에 압도당하고 있으며 그래서 예수를 세 번씩이나 모른다고 부인하고 있습니다. 베드로는 닭이 울고 나서야 비로소 자신의 무의식이 어떻게 말하였는지를 비로소 인식합니다. 이제야 그의 무의식이 의식화되었던 것이지요. 닭의 울음소리는 무의식으로부터 그를 의식의 세계로 다시 일깨워 주는 수단이며 신호와 같은 것이었습니다. 이제야 베드로는 예수의 부인 예고를 떠올립니다. 세 번이나 예수를 부인한 후 지금에서야 베드로는 자신의 그림자의 정체를 보게 됩니다. 부정적인 그림자를 보고 베드로는 몹시 울었습니다. 그 울음은 단순히 수치와 후회의 수준에 머물지 않습니다. 그 울음은 갈릴리와 예루살렘의 대극의 극점에 내몰린 그 자신도 어쩔 수 없는 한계상황의 그림자에 대한 절망의 울음입니다. 그의 내면의 무의식의 세계 깊숙이 뿌리를 내리고 있는 그림자에 대한 울음이라고 할 수 있겠습니다. 그리고 그 울음은 무의식에 내재한 열등감과 부정적인 그림자를 떨쳐 보내려는 베드로 의식의 조가(弔歌)와 같은 울음이 아니었을까요? 그러나 베드로는 여전히 그림자와 대면하고 있을 뿐, 갈릴리와 예루살렘의 대극의 한계상황은 아직 극복하지 못하고 있습니다. 융은 그림자와의 만남이 개인의 발달에서 습작품(apprentice piece)이라면 아니마와의 만남은 걸작품(master - piece)이라고 말했습니다(CW 9 Part 1, 61). 아직 베드로의정신적 내면세계는 습작품의 단계에 머물러 있다고 하겠습니다.

2) 예수의 목양 당부

예수를 세 번이나 모른다고 부인한 후 갈릴리 콤플렉스와 예루살렘 콤플렉스로 대변되는 그의 그림자를 직면한 베드로는 여전히 그 상황에서 벗어나지 못합니다. 베드로는 예수를 부인하고 울음을 터뜨린 후에도 예수를 따라가지 않고 여전히 십자가 현장에서 예수를 버리고 지하로 숨어들었습니다. 그는 아직도 여전히 갈릴리 - 예루살렘의 대극 콤플렉스에 압도당하고 있습니다.

예수의 부활 이후 갈릴리 디베랴 바닷가에서 예수는 베드로를 만납니다. 베드로는 예수의 십자가 죽음과 부활 이후 예루살렘으로부터 갈릴리로 다시 돌아왔습니다. 여전히 베드로는 갈릴리 콤플렉스에서 벗어나고 있지 못하고 있는 것으로 보입니다. 그는 예루살렘에 머물 수 없습니다. 부활하신 예수가 갈릴리로 갈 것임을 알렸습니다. 그렇지 않더라도 그는 갈릴리로 돌아올 수밖에 없었을 것입니다. 디베랴 바다로 돌아온 베드로는 자신의 옛날 직업인 어부로 돌아가 고기를 잡으러 갑니다. 동틀 무렵이 되었을 때에 예수께서는 바닷가에 서 계셨습니다. 예수께서 사랑하시던 그 제자가 베드로에게 바닷가에 서 계신 분이 주님임을 알립니다. 베드로는 주님이라는 말을 듣고서, 벗은(γυμνός) 몸에 겉옷(ἐπενδύτες)을 두르고 바다로 뛰어내렸습니다. 바레트(Barrett)는 베드로가 벌거벗은 채거나 아니면 거의 벗은 채로 고기를 잡으러 갔었고 인사하는 것은 종교적인 행위였으므로 옷을 벗은 채 인사할 수는 없어서 겉옷을 입고 바다로 뛰어들었다고 해석합니다. 비슬리－머레이(Beasley －Murray)는 바다로 뛰어내린 행위를 베드로의 성급한 성격으로 돌립니다. 배를 해안으로 끌어오는 것보다는 가능한 빨리 예수께 다다르기 위하여 바다로 뛰어내린 것이라는 설명입니다.

베드로가 벌거벗은 몸을 가리기 위하여 겉옷을 입고 바다로 뛰어든 것을 전적으로 베드로의 성급함으로만 설명하는 것에 대하여 쉽게 수긍할 수 없는 어려움이 있습니다. 이미 베드로는 예수의 빈 무덤을 목격하였고 부활하신 예수가 예루살렘에서 제자들에게 나타나셨을 때에 다른 제자들과 함께 기뻐하였다고 기록하고 있습니다. 그렇기 때문에 베드로는 바닷가에 서 계신 분이 주님이라는 말을 듣고서 겉옷을 입고 바다로 뛰어들 만큼 부활하신 예수의 출현이 드라마틱하지 않습니다. 오히려 아침 식사 후 이어지는 예수와 베드로의 대화를 보면 어촌의 아침 분위기에 맞게 드라마틱하거나 충동적이기보다는 아침 바다처럼 차분하고 정적이며 조용하게 느껴지기까지 합니다. 또한 예수의 물음과 당부에 대한 베드로의 반응 역시 평안하지 않습니다. 오히려 거듭되는 예수의 질문과 당부에 베드로는 당당하지 못하고 불안하였다(ἐλυπήθη)고 기록하고 있습니다. 베드로가 바닷가에 서 계신 분이 주님이심을 눈으로 직접 보았는지는 확실하지 않습니다. 다만 그는 주님이라는 말을 듣자마자(ἀκούσας) 몸에 겉옷을 두르고 거의 반사적으로 바다에 뛰어들었습니다.

지금 베드로가 서 있는 무대는 예루살렘이 아니라 갈릴리 디베랴 바닷가입니다. 이는 빈 무덤을 목격하고 부활하신 예수를 예루살렘에서 만나고 갈릴리에 돌아온 베드로는 아직도 갈릴리 콤플렉스의 그림자에서 자유롭지 못하고 있음을 보여주고 있습니다. 그러한 베드로의 심리상태가 베드로로 하여금 주님이라는 말을 듣고 바다로 뛰어 들어가게 한 것이 아닐까요? 갈릴리의 이른 아침 바닷가에 서 계신 분이 주님이라는 말을 듣고 바다로 뛰어내린 베드로의 모습은 예수를 만나는 기쁨과 흥분이라기보다는 예수에 대한 부인과 갈릴리 콤플렉스의 그림자를 피하고 싶은 조건반사와 같은 무의식적인 행동이 아니었을까요? 이런 상황을 염두에 두고 이어지는 예수와 베드로의 대화를 보면 우리는 왜 베드로가 예수의 사랑과 목양의 당부에 불안해하였는지를 짐작할 수 있습니다.

갈릴리 바닷가에서 예수는 베드로에게 묻습니다. "요한의 아들 시몬아, 네가 이 사람들보다 나를 더 사랑하느냐?" 예수는 왜 베드로의 예수 사랑을 다른 제자들과 견주어 물어보셨을까요? 베드로는 대답합니다. "주님, 그렇습니다. 내가 주님을 사랑하는 줄을 주께서 아십니다." 예수께서 다시 말씀하십니다. "내 어린 양을 먹이라." 그리고 예수는 똑같은 질문과 목양의 당부를 반복하고 베드로는 똑같은 대답을 합니다. 여기에서 베드로는 '불안(λυπεό)'해집니다. 예수의 목양 당부에 왜 베드로는 불안해질까요? 예수를 배반한 회한과 그럼에도 그를 여전히 사랑하시는 예수의 말씀 사이에서 베드로가 느끼는 마음의 고통과 갈등은 배가되었을지도 모릅니다. 다른 제자들은 예수를 버릴지언정 자신만은 예수를 절대 버리지 않겠다고 맹세한 베드로에게 부활하신 예수는 이제 베드로를 앞에 놓고 다른 제자들보다 더 사랑하느냐고 묻고 있습니다. 그것은 베드로의 배신에 대한 비난의 물음이 아닙니다. 이는 긍정의 물음이며 베드로의 그림자를 치유하기 위한 무의식의 의식화 작업이라고 할 수 있을 것입니다. 이런 의미에서 예수는 대단히 훌륭한 치료자입니다. 세 번씩이나 똑같은 질문을 예수는 베드로에게 합니다. 베드로는 예수를 세 번이나 모른다고 부인하고 저주까지 했던, 결코 다시는 기억하고 싶지 않은 그 사건을 다시 떠올리지 않았을까요? 그래서 심한 고통을 느꼈지 않았을까요? 예수는 여기서 베드로의 그림자를 자극합니다. 예수를 모른다고 부인하고 저주했던 베드로, 그의 무의식에 박혀 있는 그림자를 예수는 그에게 세 번씩이나 똑같은 질문을 던지며 양떼를 먹이라고 당부를 함으로써 베드로로 하여금 자신에게 내재된 갈릴리 콤플렉스를 인식하도록 돕고 있습니다. 예수의 이 작업은 단순히 베드로의 죄의식을 일깨우기 위해서가 아니라 융이 설명한 것처럼 그림자를 직시하여 그 존재를 인식하여 의식의 영역으로 통합하고(CW 9, Part Ⅰ, 44) 갈릴리와 예루살렘의 대극의 갈등을 넘어선 창조적 세계로 인도하는 것입니다. 융은 어떤 사람을 그림자와 마주 서게 하는 작업의 의미를 다음과 같이 설명하고 있습니다.

어떤 사람을 그의 그림자와 직면하게 하는 것은 그에게 그 자신의 빛을 보여주는 것이다. 그가 대극의 사이에서 올바른 판단력으로 서 있는 것을 몇 번 경험하게 되면 그는 자기(自己)가 무엇을 의미하는지 이해하게 된다. 누구든지 자신의 그림자와 빛을 동시에 인식하는 사람은 자신을 대극의 두 측면에서 보게 되고 따라서 대극의 중간 지점에 위치하게 된다(CW 10, 872).

갈릴리 콤플렉스에 압도당해 있는 베드로에게 예수는 갈릴리 바닷가에서 그의 그림자를 직면하여 인식하도록 이끌고 있습니다. 그래서 예수는 세 번씩이나 똑같은 질문과 목양의 당부를 반복합니다. 베드로가 예수와 대화를 하면서 느끼는 불안감은 그림자를 직면하는 데에서 오는 고통이라고 할 수 있습니다. 동시에 그것은 생명에 이르는 고통입니다. 베드로는 이제 그림자 갈릴리 콤플렉스에서 벗어나 복음의 진원지로서의 갈릴리, 하나님께서 약속하신 희망의 땅 빛의 갈릴리를 인식하게 되고, 갈릴리의 이중성이라고 하는 대극의 중간 지점, 즉 균형을 향해 나아가고 있는 것입니다. 그림자를 의식화하여 대극의 통합을 이루는 과정이라고 할 수 있습니다. 이것이 융이 말하는 인격의 습작품 단계를 넘어서 걸작품으로 넘어가는, 베드로의 그림자를 의식화하는 생명의 역동이라고 할 수 있을 것입니다.

베드로가 내면의 갈릴리 콤플렉스를 극복하고 자기실현을 위하여서는 '강도들의 소굴' 예루살렘, 바울이 말한 지상의 예루살렘에서 벗어나 하나님의 나라가 이 지상에서 실현되는 신의 도성과 같은 새 예루살렘과의 만남이 선행되어야 합니다. 갈릴리와 예루살렘의 대극이 충돌하지 않고 대극의 통합을 이루기 위해서는 갈릴리가 예루살렘과 만나지 않으면 안 됩니다. 그렇다고 하면 베드로에게 예루살렘은 무슨 의미를 지니고 있습니까? '강도들의 소굴' 지상의 예루살렘은 불의한 지배자와 폭정의 도시이며 하나님 나라 운동의 진원지인 갈릴리와는 대극의 극점에 있습니다. 또한 천상의 예루살렘은 동시에 하나님 임재의 상징이며 하나님 나라의 상징이기도 합니다. 그러면 베드로의 내면의 정신세계에서 베드로가 의식하지 못하는 예루살렘은 어떤 의미를 지니고 있을까요? 그것은 베드로의 삶에 어떻게 작용하고 있으며 베드로의 자기실현 과정에 어떤 역할을 하고 있을까요? 이제부터 살펴보기로 하겠습니다.

3) 베드로와 아니마 예루살렘

융은 남성의 정신세계에 무의식적인 여성적인 요소가 있으며 그것을 아니마(Anima)라고 부르고 있습니다. 아니마는 라틴어로 영혼을 뜻합니다. 융은 아니마를 삶 그 자체의 원형이라고 말합니다. 그림자의 부분을 흡수하여 형성되고 강화된 자아 정체성(an ego identity)은 다른 사람들과 개인을 초월한 집단의식 세계의 문화와, 개인을 초월한 집단무의식의 원형적인 내용 등과 관계를 맺어야 할 필요성에 직면하는데 이와 같은 관계를 가능하게 하는 두 가지 구조적인 형태가 바로 아니마 / 아니무스입니다(Hall, 1983: 16). 남성의 무의식에는 여성적 정신 원리인 아니마가 있고 그 반대의 경우에 아니무스가 존재합니다. 의식적 차원의 남성원리를 로고스(logos)라고 부르며 의식적 차원의 여성원리를 에로스(eros)라고 부릅니다. 개성화 과정은 바로 남성성의 로고스와 여성성의 아니마가 균형을 이루어 성숙한 인격 형성을 통하여 자기에게 도달하는 과정이며 그 반대의 경우도 이와 같습니다. 아니마의 이미지는 무의식의 구조이며 개인 무의식과 집단 무의식의 경계에 존재하기 때문에 본질적으로 추상적인 것입니다.

융은 인격의 외부적 모습을 페르조나,[27] 내면적 인격의 모습을 아니마라고 부릅니다(CW 6, 803). 아니마의 특성에 대하여 융은 자신의 경험을 통하여 다음과 같이 설명하고 있습니다.

---

27) 페르조나는 외부 집단 세계와의 관계성의 기능이다. 그리스어로 '가면(mask)'이라는 뜻에서 유래되었다. 어느 문화이건 그 안에는 인정된 사회적인 역할들이 있다. 즉 아버지, 어머니, 남편, 아내, 의사, 사제, 변호사 등이다. 이러한 역할들은 일반적으로 기대 가능하고 수용 가능한 방법으로 특정 문화에서 기능을 발휘하고 때로는 어떤 스타일의 의상이나 행동을 보이기도 한다. 발달하는 자아는 여러 가지 역할을 선택하여 다소간의 차이는 있을지라도 그들을 지배적인 자아-정체성으로 통합한다. 페르조나의 역할이 잘 맞아서 자아의 능력을 진정으로 반영하게 되면 정상적인 사회적 상호 활동을 영위하게끔 한다. 예를 들어 하얀 가운을 입은 의사가 심리학의 논리에 맞게 의사라는 직업의 페르조나를 '쓰게' 되면 보다 쉽게 환자의 신체 기능을 검사할 수 있을 것이다. 만일 의사가 환자의 페르조나를 쓰는 경우에는 의사 자신이 환자라고 생각해서 진료하기가 매우 어렵게 될 것이다.
건강한 자아는 다소의 차이가 있지만 주어진 상황의 적절한 필요에 따라 다른 페르조나의 역할들을 성공적으로 수행할 수 있다. 이와는 대조적으로 그림자는 개인적인 문제이기 때문에 그것은 한 사람이 갖고 있는 것이다. 페르조나의 기능부조(機能不調)는 다음 세 가지 경우이며 때로는 정신과 치료를 필요로 하기도 한다.
① 페르조나의 과도한 발달: 사회적 역할로만 채워져서 실제 인간의 내면적인 면은 없다는 느낌을 준다.
② 페르조나의 부족한 발달: 거부되거나 상처받을 가능성에 매우 취약하며 관계하고 있는 사람들에게 휩쓸리기 쉽다.
③ 자아와 페르조나의 동일시: 보다 더 심각한 문제로서 자아가 사회적 역할로부터 분리하는 감성이 부족하다. 그렇기 때문에 사회적 역할을 위협하는 것이 나타나게 되면 바로 자신의 자아 그 자체의 통합성을 직접적으로 위협하는 것으로 받아들인다. 일할 때를 제외하고 공허하고 할 일 없이 헤맨다고 느끼는 사람들은 일이나 직업에 적합한 페르조나를 잘못 사용하여 자신의 정체성과 경쟁력을 광범위하게 개발하는 것에 실패한다. 이럴 때는 페르조나와 동일시하는 심각한 문제를 심리분석적인 치료가 필요하게 된다.

융이 아니마를 남성성에 대하여 보완적인 여성적인 특색으로 설
명한다고 해서 이를 남성과 여성의 성적 이미지에 국한되는 관계
로 보아서는 안 됩니다. 아니마는 단순히 남성성에 대한 여성성의
좁은 성적 개념에 억매이기보다는 온전한 하나의 전체적인 정신세
계를 이루기 위하여 의식의 세계와 무의식의 세계 사이에서 결핍
이나 불균형을 해소하기 위한 보완적 관계구조를 의미합니다. 따라
서 아니마는 무의식의 자율적인 보완의 역동입니다. 융은 이러한
사실을 다음과 같이 설명하고 있습니다.

여기서 다시 본론으로 돌아가겠습니다. 베드로와 유대 사람들에
게 예루살렘은 융이 말하는 유전된 여성의 집단적 이미지(an inherited
collective image of woman)라고 말할 수 있을 것입니다? 여성의 이

미지라고 해서 젠더로서의 여성을 의미하지는 않습니다. 예루살렘은 오랜 세월 동안 이스라엘의 사회와 문화 속에서 이스라엘 사람들의 삶과 정체성의 중심이었습니다. 예루살렘을 떠나서 유대와 유대인은 존재 자체가 불가능합니다. 예루살렘은 그들의 심혼에 깊이 각인되어 이스라엘 사회를 통합 유지시키는 정체성의 원천이며 사회의 핵심 동력의 역할을 해 왔습니다. 그래서 이스라엘 사람들에게 예루살렘의 이미지는 후천적으로 학습된 경험이라기보다는 선재적으로 타고난 유전된 집단적 이미지와 같은 것이라고 할 수 있습니다. 이런 의미에서 예루살렘은 갈릴리 콤플렉스에 시달리고 있는 베드로에게는 내면적 인격의 모습인 아니마와 같은 존재라 할 수 있습니다. 위에서 융이 주장한 바와 같이 '유전된 여성의 집단적 이미지'가 베드로의 무의식 안에 존재한 것이라고 볼 수 있다는 것입니다. 여기서 말한 아니마 예루살렘은 지상의 예루살렘이 아니라 사도 바울이 표현한 하늘의 예루살렘이며 하나님 임재의 상징인 거룩한 도시 성도(聖都)입니다. 예루살렘에 대한 아니마 이미지는 때로는 모성원형으로 출현하고 있습니다. 융은 예루살렘을 어머니 원형(mother archetype)의 한 예로서 다음과 같이 설명하고 있습니다.

다른 원형과 마찬가지로 어머니 원형은 여러 가지 모습으로 나타난다. 나는 여기서 몇 개의 특징적인 것만을 언급할 것이다. 첫째로 중요한 것은 개인적인 어머니와 할머니, 계모 혹은 시어머니이다. 그리고는 관계를 맺고 있는 어느 누구라도 해당되며 예를 들면 간호원, 가정교사 아니면 오랜 집안의 조상일 수도 있다. 그리고 더 나가서 비유적인 의미에서 어머니라고 할 수 있는 것들이 있는데 이 범주에 여신(女神)이나 동정녀 마리아와 소피아 등이 해당된다. 신화는 어머니 원형의 많은 변형을 우리에게 제공해 준다. 그 예를 들면

데메테르(Demeter) 여신과 코어(Kore) 신화에서 처녀로 재등장하는 어머니나 퀴벨레(Cybele) - 아티스(Attis) 신화에서 사랑하는 어머니 등이다. 비유적인 의미에서 어머니로 나타나는 다른 상징은 구원을 갈망하는 우리들의 목표로 나타나기도 하는데 예를 들면 낙원이나 하나님의 나라, 천상의 예루살렘과 같은 것들이다. 우리들에게 헌신의 마음을 일으키게 하고 경외의 감정을 불러일으키는 예를 들어 교회, 대학, 도시나 시골, 하늘, 땅, 숲, 바다나 고요한 물가, 심지어는 지하세계나 달까지도 어머니의 상징이 될 수 있다(CW, 9 - I, 156).

융은 천상의 예루살렘을 구원을 갈망하는 목표의 상징으로 어머니 원형으로 설명합니다. 이와 같은 상징에 동정녀 마리아와 소피아, 여신들뿐만 아니라 우리들에게 헌신의 마음과 경외의 감정을 불러일으키는 교회나 하늘, 땅, 숲, 바다나 고요한 물가, 심지어는 지하세계나 달까지도 확대하고 있습니다. 융은 모성원형 가까이에 있는 아니마의 발전 단계를 이브(Eve)상 - 파우스트의 헬렌 - 성모 마리아 - 소피아의 4단계로 설명하고 있는데 가장 거룩하고 순수한 지혜인 소피아의 마지막 단계를 천상의 예루살렘이라고 할 수 있을 것입니다.

예수의 부활 승천 이후에 베드로는 갈릴리로 되돌아가지 않고 예루살렘으로 올라옵니다. 이제부터는 갈릴리가 아니라 예루살렘을 무대로 활동합니다. 이어서 오순절 성령 강림을 주도하고 계속해서 지상의 예수와 버금가는 기적과 권능을 행사합니다. 베드로에게 예루살렘은 더 이상 폭정과 지배자의 도시가 아니며 두려움의 대상이 아닙니다. 이 시기 베드로에게 갈릴리 콤플렉스를 전혀 찾아볼 수 없습니다. 예수와의 관계를 단절할 정도로 세 번씩이나 모른다고 부인하던 베드로, 예수의 십자가 처형 현장에서 도망쳐 몸을 숨긴 베드로의 모습과는 정반대입니다. 그리고 오순절 성령 강림

이후 베드로는 제자들의 수장이 되어 활화산처럼 초기 원시 교회 공동체를 주도해 갑니다. 그 원동력은 무엇이었을까요? 이에 대한 하나의 시사를 우리는 아니마의 기능에 대한 다음과 같은 융의 설명에서 발견할 수 있습니다.

갈릴리 콤플렉스에 시달리던 베드로가 예수의 부활 승천 이후에 갈릴리로 돌아가지 않고 이전에는 두려움의 대상이었던 예루살렘으로 올라온 것은 베드로가 예수의 부활을 경험한 이후 예루살렘이라는 모성 원형이 베드로의 내면 정신세계에서 의식화되었기 때문이라고 할 수 있습니다. 예수의 부활, 갈릴리 디베랴 바닷가에서 예수와 베드로의 대화와 목양의 당부, 예수의 승천 등과 같은 일련의 과정을 통해 갈릴리 콤플렉스의 그림자에 사로잡혔던 베드로가 대극에 위치한 갈릴리의 빛을 보고 대극의 갈등을 통합으로 극복할 수 있었던 때문이 아니었을까요? 이런 관점에서 보면 예수는 베드로의 내면의 심리적 불균형을 치유한 훌륭한 상담사라고 할 수 있을 것입니다. 예수는 베드로와의 대화를 통해 인간이면 누구나 공유하고 있는 구원의 갈망, 지혜와 빛의 처녀 소피아와 같은 아니마 원형이 '남성의 감정이 발견할 수 없는' 다시 말하면 갈릴리 콤플렉스에 사로잡혀 있을 때 베드로가 발견할 수 없었던 '길이나 방법을' 베드로에게 인도하였다고 봅니다. 이는 물론 무의식의 인도이며 이를 통해 베드로의 무의식의 모성원형(내적 영혼)이 의식화되었던 것이라고 할 수 있습니다. 그래서 예수의 부활 이전에는 베드로에게서 전혀 찾아볼 수 없었던 것들이 예루살렘의 모성 원형이 베드로의 내면에 활성화되면서 폭발적인 역동성으로 발현되었습니다. 그 결과 베드로는 오순절 성령 강림과 초기 원시 교회 공동체를 역동적으로, 가히 폭발적으로 주도하는 원동력을 얻게 된 것입니다.

그러면 예루살렘의 모성 원형은 무엇인가요? 예루살렘이 모성 원형이며 융이 말하는 유전된 여성의 집단적 이미지를 갖고 있다는 사실을 우리는 성서에서 찾아볼 있습니다. 우리는 묵시문학과 아가서, 말라기 등에서 모성 원형으로서의 예루살렘의 상(像)을 만날 수 있습니다.

요한계시록은 새 예루살렘을 단장한 신부에 비유하고 있습니다.

> 나는 새 하늘과 새 땅을 보았습니다. 이전의 하늘과 이전의 땅이 사라지고, 바다도 없어졌습니다. 나는 또 거룩한 도성 새 예루살렘이, 남편을 위하여 단장한 신부와 같이 차리고, 하나님께로부터 하늘에서 내려오는 것을 보았습니다. 그때에 나는 보좌에서 큰 음성이 울려 나오는 것을 들었습니다. "보아라, 하나님의 집이 사람들 가운데 있다. 하나님이 그들과 함께 계실 것이요, 그들은 하나님의 백성이 될 것이다. 하나님이 친히 그들과 함께 계시고, 그들의 눈에서 모든 눈물을 닦아 주실 것이니, 다시는 죽음이 없고, 슬픔도 울부짖음도 고통도 없을 것이다. 이전 것들이 다 사라져 버렸기 때문이다." 그때에 보좌에 앉으신 분이 말씀하셨습니다. "보아라, 내가 모든 것을 새롭게 한다." 또 말씀하셨습니다. "기록하여라. 이 말은 신실하고 참되다."(계 21:1-5)

여기서 거룩한 도성 예루살렘을 단장한 신부에 비유하고 있습니다. 새 예루살렘은 사도 바울이 말한 하늘의 예루살렘과 상통합니다. 새로운(χαινός) 예루살렘은 이전 것들이 모두 사라지고 모든 것이 새롭게 됩니다. 여기서 χαινός는 신약의 맥락에서는 특별히 종말론적이거나 혹은 구속사적인 변환을 의미하고 있습니다(Beale, 1999: 1040). 예루살렘을 신부로 비유한 것은 하나님과 유대 백성을 신랑과 신부로 은유화한 구약의 전통에서 온 것입니다. 신부는 여성성 중에서도 가장 아름답고 향기로우며 달콤하면서 고귀하며 순결함을 상징합니다. 신부의 여성성을 아가서는 다음과 같이 표현하고 있습니다.

> 신랑과 신부의 레바논에서 오너라, 신부야! 레바논에서 오너라 어서 오너라. 아마나 꼭대기에서, 스닐과 헤르몬 꼭대기에서, 사자들이 사는 굴에서, 표범들이 사는 언덕에서 내려오너라. 나의 누이, 나의 신부야! 오늘 나 그대에게 마음을 빼앗기고 말았다. 그대의 눈짓 한 번 때문에, 목에 걸린 구슬 목걸이 때문에, 나는 그대에게 마음을 빼앗기고 말았다. 나의 누이, 나의 신부야! 달콤한 그대의 사랑, 그대의 사랑은 포도주보다 더 나를 즐겁게 한다. 그대가 풍기는 향내보다 더 향기로운 향기름이 어디 있느냐! 나의 신부야, 그대의 입술에서는 꿀이 흘러나오고, 그대의 혀 밑에는 꿀과 젖이 고여 있다. 그대의 옷자락에서 풍기는 향내는 레바논의 향기와 같다. 나의 누이 나의 신부는 문 잠긴 동산, 덮어 놓은 우물, 막아 버린 샘. 그대의 동산에서는 석류와 온갖 맛있는 과일, 고벨 꽃과 나도 풀, 나도 풀과 번홍꽃, 창포와 계수나무 같은 온갖 향나무, 몰약과 침향 같은 온갖 귀한 향료가 나는구나. 그대는 동산에 있는 샘, 생수가 솟는 우물, 레바논에 흐르는 시냇물이다.

요한계시록에 기록된 새 예루살렘은 구약의 전통에서 인용된 것입니다. 요한계시록 21:1 – 5는 이사야서 52:1과 62장에 기록된 은유 구조와 동일함을 보여주고 있습니다.

너 시온아, 깨어라, 깨어라! 힘을 내어라. 거룩한 성 예루살렘아, 아름다운 옷
을 입어라. 이제 다시는 할례받지 않은 자와 부정한 자가 너에게로 들어오지
못할 것이다. 예루살렘아, 먼지를 털고 일어나서 보좌에 앉아라. 포로 된 딸
시온아, 너의 목에서 사슬을 풀어내어라(이사야 52:1 - 2).

다시는 어느 누구도 너를 두고 '버림받은 자'라고 하지 않을 것이며, 다시는 너
의 땅을 일컬어 '버림받은 아내'라고 하지 않을 것이다. 오직 너를 '하나님께서
좋아하시는 여인'이라고 부르고, 네 땅을 '결혼한 여인'이라고 부를 것이니, 이
는 주님께서 너를 좋아하시며, 네 땅을 아내로 맞아 주는 신랑과 같이 되실 것
이기 때문이다. 총각이 처녀와 결혼하듯이, 너의 아들들이 너와 결혼하며, 신랑
이 신부를 반기듯이, 네 하나님께서 너를 반기실 것이다(이사야 62:4 - 5).

이사야서에도 "거룩한 성 예루살렘아, 아름다운 옷을 입어라.",
"포로 된 딸 시온아, 너의 목에서 사슬을 풀어내어라."라고 기록하
여 예루살렘을 요한계시록의 새 예루살렘과 동일한 여성성의 은유
로 표현하고 있습니다. 그리고 62장에서는 예루살렘을 신부로 비
유합니다. 이렇듯 예루살렘은 구약과 묵시문학의 전통에서 익숙한
상징이며, 늘 신부로 비유되어 왔습니다. 위에서 융이 지적한 대로
비유적인 의미에서 어머니로 나타나는 상징은 구원을 갈망하는 우
리들의 목표로 나타나기도 하는데 예를 들면 낙원이나 하나님의
나라, 천상의 예루살렘과 같은 것들입니다. 이런 맥락에서 본다면
천상의 예루살렘은 늘 신부로 비유되어 온 유전된 여성의 집단적
이미지라고 할 수 있을 것입니다.

묵시문학은 유대사회의 전통과 유리되어 일회적인 저자의 개인
적인 경험을 단순히 기록한 것이 아닙니다. 묵시문학은 다니엘서의
예에서 보는 바와 같이 적어도 주전 2세기까지 거슬러 올라갑니다
(왕대일, 1994: 53). 그리고 이 묵시문학 운동이 제시하는 미래에

올 하나님의 나라는 민중들에게 한 가닥의 승리감을 마련해 줄 수 있었고 이런 이유들로 인해서 예수 당시의 민중들 속에는 묵시문학의 영향이 대단했던 것으로 판단하고 있습니다(김달수, 1994: 11). 그러한 민중의 염원이 하늘의 예루살렘, 새 예루살렘으로 응축된 것입니다. 이러한 의미에서도 묵시문학에 등장하는 단장한 신부로 비유된 새 예루살렘의 이미지는 융이 말한 유전된 여성의 집단적 이미지(an inherited collective image of woman)라고 할 수 있을 것입니다.

예루살렘은 예수의 부활 이전에는 베드로의 눈에는 불의한 기득권 세력이며 타도해야 할 대상이며 동시에 예수 공동체를 파괴하려는 적대세력의 중심지로 두려움의 대상이었습니다. 그렇기 때문에 베드로는 가능하면 예루살렘으로부터 도피하고 싶었던 것입니다. 베드로는 아직 예수 수난의 의미를 모릅니다. 이 단계에서 모성(아니마) 원형은 아직 부정적 원형이며 파괴적 원형에 머물러 있습니다. 그러나 예수는 새 예루살렘을 꿈꾸고 있습니다. 예루살렘은 단지 이방 사람들의 때가 차기까지 짓밟힐 뿐입니다(눅 21:24). 베드로는 엠마오 도상에서 부활하신 예수를 만난 두 제자와 같습니다. 그들은 예루살렘에서 일어난 예수의 수난과 부활에 대해서 자세하게 예수에게 말하지만, 정작 나란히 걸어가면서도 예수를 알아보지 못합니다. 베드로 역시 예루살렘에서 일어날 예수의 수난에 대하여 알고 있지만 예수의 수난으로 이루어질 새 예루살렘의 영광은 아직 모르고 있습니다. 새 예루살렘은 베드로의 내면세계에서 아직도 부정적인 모성원형으로 머물러 있을 뿐 아직 의식화되지 않고 있기 때문입니다. 조만간 베드로는 창조적인 긍정의 모성(아니

마) 원형을 경험하게 될 것입니다. 그 결정적 계기는 예수의 수난과 부활 승천 그리고 이어지는 성령 대폭발이라고 할 수 있습니다.

베드로는 예수께서 부활 승천하신 후에 갈릴리로 돌아가지 않고 예루살렘에 머물면서 성령을 받고 복음 선교의 전진기지로 삼았습니다. 갈릴리 출신 베드로는 자신의 갈릴리 콤플렉스 그림자를 긍정의 힘으로 인식하면서 예수의 부활 이후 예루살렘을 새로운 의미로 경험하게 되었습니다. 예수의 부활을 경험하고 예수의 목양의 당부를 받은 베드로는 변화된 인간이 되었고 더 이상 베드로에게 예루살렘은 부정적·파괴적인 이미지가 아니라 세계 복음 전파의 출발점인 창조적 모성 원형상으로 작용합니다. 갈릴리와 예루살렘의 대극은 예수의 부활과 목양의 당부 그리고 예수의 승천에 이르는 과정에서 예루살렘이라는 모성원형이 의식화되면서 통합되었습니다. 그래서 베드로는 예수의 승천 후 갈릴리로 돌아가지 않고 예수의 당부대로 예루살렘에 머물게 됩니다. 베드로는 갈릴리와 예루살렘의 대극을 극복하고 예루살렘을 복음의 시작으로(롬 15:19) 삼게 된 것입니다. 역사적으로 예루살렘은 모든 메시야 운동의 목표였습니다. 또한 부정적인 모성 원형 예루살렘이 보기에 갈릴리는 반로마적 사조와 메시야 사상의 본거지였습니다. 이와 같은 갈릴리와 예루살렘의 대극을 통합한 베드로에게 갈릴리와 예루살렘은 이제 메시야 운동의 본거지이자 목표로 합일된 것입니다. 이제는 갈릴리 출신 베드로가 그 자신의 무의식의 정신에서 아니마의 발현을 통하여 갈릴리와 예루살렘의 대극을 통일하고 갈릴리의 시대정신을 안고 예루살렘을 원시 교회 공동체의 진원지로 삼게 되었다고 할 수 있습니다.

2. 정결법과 집단의식

베드로가 환상을 꾸기 이전의 그의 언행과 행적을 베드로의 환상의 내용과 결부시켜 자세히 살펴보면 잘 이해되지 않는 내용과 오히려 앞뒤가 맞지 않는 모순을 보는 것 같은 느낌이 듭니다. 베드로는 예수의 부활 승천 이후 예루살렘을 중심으로 원시 교회 공동체의 절대적 지도자로서 예수와 버금가는 기적과 능력을 행하였습니다. 이방 선교와 관련해서 명시적으로 거부나 부정적인 거리낌을 베드로가 표출한 적도 없습니다. 그런 베드로가 환상에서 세 번이나 큰 보자기 안에 있는 것들을 일어나서 잡아먹으라는 명령을 거부하고 있습니다. 절대로 그럴 수 없다고 강하게 거부합니다. 심지어 하나님께서 깨끗하게 하신 것을 속되다고 하지 말라는 주님의 명령마저 거부합니다. 베드로는 속되고 부정한 것을 한 번도 먹은 일이 없다고 단호하게 주장하면서 명령의 음성이 주님이라는 사실을 알면서도 거부합니다. 이 모습은 유대의 정결법에 대한 베드로의 아주 강한 집착과 무슨 일이 있어도 결코 포기할 수 없다는 태도를 보여주고 있습니다. 베드로는 자신이 정결법이라는 율법을 결코 위반한 적이 없다고 항변합니다. 이는 사도 베드로의 모습과는 분명히 모순되는 것입니다. 환상이 무의식의 산물이며 우리가 보아 온 베드로의 언행은 의식의 활동이라는 점을 고려하지 않고 수평적으로 비교하면 그렇다는 것입니다.

베드로는 환상을 보기 전까지 유대의 정결법의 전통을 강하게 고수하는 모습을 보여주지 않았습니다. 베드로가 전통적인 유대의 정결법을 충실히 지켜서 자신의 말대로 "속되고 부정한 것을 한 번도 먹은 일이 없다."라고 주장한다면 그것은 위선이라고 할 수 있습니다. 무엇보다도 베드로는 무두장이 시몬의 집에 여러 날 머물러서는 안 됩니다. 무두장이라는 직업은 부정한 것으로 인식되었기 때문에 그의 집에 유숙한다는 자체가 이미 정결법을 어기는 것이기 때문입니다.

남편이 무두장이 직업에 종사하는 것을 결혼 전에 몰랐다가 결혼 이후에 알게 되는 경우는 말할 것도 없고, 설령 결혼 이전부터 그 사실을 알았다 하더라도 부인은 남편과의 이혼을 법정에 요구할 권리를 갖고 있었습니다. 더욱이 부인은 남편과 이혼을 하거나 사별할 경우에 받기로 결혼증서에 보증되어 있는 돈을 되돌려 받을 수도 있었던 것으로 보아(Jeremias, 1998: 388) 무두장이와의 혼인 파탄의 책임은 전적으로 그 직업을 갖고 있는 남자에게 속했음을 알 수 있습니다. 이렇듯 무두장이 직업은 부정한 것으로 간주되었으며 따라서 어떤 도시로부터 50엘레 떨어져야 했으며 동쪽에만 설치되도록 허락되었습니다. 예루살렘에서는 틀림없이 가죽을 다루는 작업장이 예루살렘 성벽 바깥에 있었을 것입니다(Jeremias, 1998: 18). 베드로가 무두장이 시몬의 집에 여러 날 묵었다는 사실만으로도 베드로는 유대의 정결법을 온전히 지켰다고 항변할 수 없습니다. 무두장이는 직업의 특성으로 부정한 사람으로 간주되었으며 유대사회에서 가장 혐오스러운 직업 중의 하나로 여겨졌습니다. 부정한 무두장이의 집에 머무르는 사람이나 무두장이와 같이 식사를 하는 것 역시 부정한 것으로 간주되었습니다. 베드로는 이미 정결법의 전통을 위반한 셈입니다. 그런데 베드로는 지금 "속되고 부정한 것을 한 번도 먹은 일이 없다.”고 강력한 어조로 거부하고 있습니다. 이는 모순이 아닐 수 없습니다. 이런 베드로가 원시 교회 공동체의 지도자로서 정결법에 대한 모순된 행동을 하면서까지 환상 속에서 그것도 하나님께서 깨끗하게 하신 것이니 일어나 잡아먹으라는 직접적인 주님의 명령을 왜 그것도 그토록 강하게 세 번씩이나 거부한 사실을 우리는 어떻게 설명할 수 있을까요?

예수는 유대의 정결법에 대하여 통렬히 비판하였습니다. 비단 정결법만을 비판하신 것이 아니라 유대사회를 지탱하고 있던 전통과 금기에 대항하여 정면으로 이를 비판하시었습니다. 정결법과 관련하여 예수는 바리새인과 서기관들에게 막 7장과 마 15에서 예수가 모든 음식은 깨끗하다고 선언하셨습니다. 사람의 입속으로 들어가는 것에 깨끗한 것과 깨끗하지 않은 것이 있는 것이 아니며 모든 것은 깨끗하다고 선언하셨습니다. 오히려 사람에게서 나오는 것이 부정한 것이라고 가르치셨습니다. 예수의 수제자 베드로가 이러한 예수의 가르침을 잊어버렸을까요? 정결법에 충실한 바리새파 사람들과 유대인들에게 예수는 사람의 전통을 지키기 위해 하나님의 계명을 버리고 있다고 비판하였습니다. 베드로는 예수의 수제자였습니다. 원시 교회 공동체 안에서 죽은 사람까지 다시 살리는 능력을 보여주기도 했습니다. 그러한 베드로가 환상 중에서는 정결법을 그토록 강하게 고수하면서 하나님께서 깨끗하게 하신 것을 속되다고 하지 말라는 명령까지 거부한 것을 어떻게 설명할 수 있을까요? 이는 논리적으로 설명되지 않습니다. 논리는 의식의 영역입니다. 도저히 베드로의 의식의 정신활동으로는 설명이 되지 않습니다. 그렇다면 환상 중에 베드로가 보여준 언행은 베드로 자신도 인식하지 못하는, 베드로 자신도 통제할 수 없는 무의식의 정신활동이라는 관점에서 설명하지 않을 수 없게 됩니다.

베드로가 환상을 꾸는 중에 환상의 의미가 이방인과 관련된 것이라는 것을 알아차리지 못했을까요? 이 질문은 아무런 의미가 없고 중요하지도 않습니다. 베드로는 자신도 모르는 무의식의 상태에 있을 뿐이기 때문입니다. 그러나 환상 이후에 이어진 고넬료의 회심 사건에서 베드로는 분명히 환상과 이방인의 연관성을 강조하고 있습니다. 그리고 환상의 내용을 이방인 선교에 대한 하나님의 명령으로 해석하고 있습니다. 그는 환상의 내용이 유대의 정결법과 관련된 것임을 확실하게 주장합니다.

이방인에 대한 유대인의 뿌리 깊은 거부는 유대의 정결법과 상통합니다. 부정한 사람이나 사물과 접촉하는 것은 부정한 것으로 간주되었습니다. 베드로가 환상의 의미가 무엇인지 의아해하였다고 누가는 기록하고 있습니다. 베드로가 환상의 의미를 몰랐다는 것은 의식적인 정신활동의 측면에서 그렇다는 것이지요. 그러나 베드로의 무의식은 환상의 의미를 알고 있었습니다. 다만 베드로의 의식이 그러한 사실을 인식하지 못할 뿐이었던 것입니다. 베드로의 환상은 베드로 무의식의 정신활동입니다. 베드로의 무의식은 그의 의식과는 상반되는 내용을 보여주고 있습니다. 융은 이러한 사실을 바울과 베드로의 예를 들어 다음과 같이 설명하고 있습니다.

우리가 바울의 환상을 특히 그의 미래의 선교적인 각도에서 살펴본다면 다음과 같은 결론을 내릴 수 있을 것이다. 즉 바울이 의식적으로는 기독교인의 박

융은 바울이 회심 이전에 기독교인들을 박해하였으나 그동안에
도 그의 무의식은 이미 기독교를 받아들였으며 회심은 그의 무의
식의 인격이 분출되는 현상으로 설명하고 있는 것입니다. 기독교도
들에 대한 바울의 의식과 무의식이 서로 다른 목표를 갖고 있으며
밖으로 표출되는 행동과 바울이 통제하지 못하는 무의식의 활동이
다르다는 것입니다. 마찬가지로 베드로의 환상 역시 이방인과 정결
법에 대한 베드로의 의식과 무의식이 서로 다른 목표를 갖고 있으
며 베드로 환상 역시 이방인 선교에 대한 베드로의 무의식의 인격
이 분출되는 것으로 보고 있는 것입니다. 비록 환상에서 그가 완
강하게 부정한 것들을 거부하였지만 베드로는 이미 이방인 선교에
대한 목표를 갖고 있었다는 것입니다.

베드로의 환상을 무의식의 차원에서 벗어나 이해하려면 설명이
되지 않습니다. 의식은 논리의 영역이나 무의식은 비논리 무질서의
세계이기 때문입니다. 예수는 제자들에게 복음전파를 위해 제자들
을 파송하였고 파송지역에는 사마리아도 포함되었습니다. 사마리아
는 이방인과의 혼혈주의로 정결하지 못한 땅으로 여겨지는 곳입니
다. 이러한 사마리아까지도 베드로가 직접 방문하여 세례를 받은
신도들에게 성령이 내리도록 하기도 하였습니다. 또한 지상의 예수
가 마지막으로 제자들에게 당부한 말씀도 유대와 사마리아와 땅끝

까지 복음을 전파하도록 명령하신 것을 보면 베드로에서 이방인 선교에 거리낌이나 금기적 태도를 전혀 찾아볼 수 없습니다. 정결법과 이방인에 대한 이러한 베드로의 관용적인 태도는 제자로서, 사도로서 의식의 영역인 그의 사회적 인격인 페르조나의 모습이었을 것입니다. 이방인과 정결법에 대한 예수의 가르침, 수제자로서, 사도로서 베드로는 예수 공동체를 이끌어 가는 카리스마적 지도자였습니다. 지도자로서 그는 이방인과 정결법에 대하여 관용적이며 수용적이고 열린 태도를 보여주었습니다. 그러나 이러한 그의 입장은 예수 공동체의 지도자라는, 예수에 버금가는 권능으로 원시 교회 공동체를 이끌던 지도자로서의 사회적 인격의 모습, 즉 페르조나의 모습이었을 것입니다. 그러나 그의 사회적 인격 뒤, 그의 내면에는 전통에 충실한 어느 정통 유대인들과 마찬가지로 이방인과 정결법에 대한 유대인의 집단의식이 자리 잡고 있었을 것입니다. 이것을 단지 그가 의식으로 인식하지 못하고 있어서 드러나지 않았을 뿐이었습니다. 여기서 우리는 중요한 결론에 도달할 수 있습니다. 베드로의 환상은 바로 그의 사회적 · 집단적 인식의 한 단면인 의식적인 페르조나에 대하여 그의 내면에 자리 잡고 있는 베드로 자신도 모르는 무의식의 반응이었다는 것입니다. 이부영은 페르조나를 다음과 같이 설명하고 있습니다.

> 페르조나는 집단정신의 한 단면이다. 그것은 흔히 개성이라고 착각하기 쉬운 가면이다. 사람들이 곧잘 나의 생각, 나의 신념, 나의 가치관, 나의 것이라고 하는 것을 자세히 살펴보면 그것은 결코 자기의 생각이 아니라 남들의 생각, 즉 부모의 생각, 선생의 생각, 다른 친구들의 생각이라고 할 만한 것임을 알 수 있다. 즉 집단적으로 주입된 생각이나 가치관인데 마치 자기 것이라고 생각하는 경우가 있는 것이다(이부영, 2006: 82).

제자로서 사도로서 이방인에 대한 베드로의 태도는 수용적이며 열린 긍정의 자세였습니다. 이것은 그의 생각과 의지에서 나온 것이라고 할 수 있습니다. 그러나 그것은 베드로의 외적 인격의 모습이며 예수 공동체 안에서 그가 취해야 했던 마스크의 모습일 수도 있습니다. 여전히 그의 내적 인격은 유대사회의 뿌리 깊은 정결법과 이방인에 대한 배타적 금기에서 자유롭지 못함을 보여주고 있습니다. 베드로의 환상은 바로 그의 내적 인격이 분출된 것이라고 할 수 있습니다.

베드로는 환상 중에서 하나님께서 깨끗하게 한 것을 부정하다고 하지 말라는 주님의 음성까지도 그토록 강하게 거부하였고 깨어나서도 환상의 의미를 몰랐다고 기술하고 있습니다. 이러한 모순을 제자 베드로, 사도 베드로의 행적과 그의 의식의 정신활동으로는 설명이 되지 않습니다. 베드로의 환상이 말하고자 하는 무의식의 언어는 그의 언행과 행적과는 정반대로 유대의 정결법과 이방인에 대한 배타적 혐오감을 표출하고 있는 것입니다. 예수의 수제자로서, 원시 교회 공동체의 지도자로서 이방인에 대하여 적극적인 수용을 보여주었던 베드로는 자신이 통제할 수 없는 무의식의 환상을 통하여 유대인이면 누구나 모두 보편적으로 갖고 있던 유대의 배타적 정결법의 전통을 강하게 집착하는 모습을 보여준 것입니다. 다시 말하면 그의 페르조나 뒤에 숨겨진 그의 내적 인격을 보여준 것입니다. 베드로의 의식과 무의식의 괴리와 모순은 다른 말로 표현하면 예수의 수제자, 원시 교회 공동체의 지도자라고 하는 베드로의 외적 인격과, 정결법과 이방인에 대한 유대의 배타적 혐오라는 그의 내적 인격의 괴리와 모순일 것입니다. 베드로에게 있어서 이 괴리와 모순은 위에서 설명한 대극의 관계입니다.

유대의 정결법과 이방인에 대한 거부는 상통합니다. 그것은 동전의 양면과 같은 것이라고 할 수 있습니다. 정결법은 깨끗한 것과 부정한 것을 구별하여 부정한 것과 가까이하지 않는 것을 의미합니다. 이방인에 대한 거부 역시 유대인과 비유대인으로 구별하여 비유대인을 이방인으로 가까이하지 않는 것을 의미합니다. 베드로 자신이 고넬료의 집에서 자신의 환상을 설명하면서 하나님께서는 그에게 사람을 속되다거나 부정하다거나 하지 말라고 지시하셨다고 말합니다. 베드로 자신이 정결법과 이방인에 대한 유대의 전통이 동일한 맥락임을 말하고 있는 것이라고 하겠습니다.

이방인은 gentiles 혹은 nations로 표현합니다. 이는 철저히 유대인과 유대인이 아닌 흑백 논리적 2분법으로 구별하는 것입니다. 정결법 역시 정결한 것과 정결하지 않은 2분법으로 구별합니다. 여기에는 중간 지대가 없으며 오직 첨예하게 대립하는 양 대극만 있을 뿐입니다. 이에 따르면 유대인은 정결한 하나님의 백성이고 이방인은 정결하지 못한 사람입니다. 예수는 유대의 전통에 의한 이와 같은 2분법적 구별을 거부하고 통렬히 비판하였습니다. 예수는 생명력을 잃어버리고 껍데기만 남은 제도로서의 유대의 모든 전통을 비판하였습니다. 안식일, 이혼, 성전세, 정결법 등 거의 모든 유대의 전통을 뿌리부터 비판하였습니다. 예수는 유대의 전통을 고수하는 사람들에게 외식하는 자, 독사의 자식이라고 비판하였으며 사람의 전통을 지키기 위해 하나님의 계명을 버린다고 비판하였습니다. 예수의 수제자로서, 예수의 승천 이후 사도로서 원시 교회 공동체의 절대적인 카리스마를 갖고 심지어 죽은 사람까지 살린 베드로가 유대인의 전통인 정결법에 얽매어 환상 속에서 그렇게 강하게 거부한 것을 어떻게 설명할 수 있을까요?

거듭 설명한 대로 베드로의 의식과 외적 인격으로는 이를 설명할 수 없습니다. 이것은 베드로가 순전히 개인적인 경험이나 개인적으로 획득한 것이라고 볼 수 없습니다. 이것은 개인적 의식의 차원을 넘어서는 것입니다. 우리는 여기서 베드로의 내면의 깊은 속에 자리 잡고 있는 집단의식의 실체를 보게 됩니다. 이 집단의식의 힘은 베드로가 세 번씩이나 주님의 명령을 거부할 만큼 강력하고 파괴적입니다. 집단의식의 파괴적인 힘은 우리의 지각과 이해를 초월하고 있습니다. 예수의 수제자 베드로, 사도 베드로, 하나님의 권능으로 죽은 자를 살리는 등 예수에 버금가는 능력과 기적을 행한 원시 교회 공동체의 지도자였던 베드로까지 어쩔 수 없이 사로잡히게 만들만큼 강력한 파괴력을 갖고 있습니다. 집단의식의 힘은 창조적인 무의식과 통합되지 않는 한, 의식의 세계를 압도합니다. 환상을 통해서 보면 아직은 집단의식이 베드로의 무의식과 통합되는 모습을 보이고 있지 않습니다. 그렇기 때문에 하나님이 깨끗하게 하신 것을 부정하다고 단정하지 말라는 주님의 직접적인 명령까지도 베드로는 환상 속에서 거부하는 것입니다. 베드로는 무의식 상태에서 온갖 모순에도 불구하고 그토록 강하게 주님의 명령을 거부하는 것입니다.

무의식의 이미지는 의식의 차원에서 바라보면 논리를 벗어나 비약적이며 단절된 이미지의 나열과 같은 것입니다. 우리가 꾸는 꿈이 그 내용이 황당하며 서로 앞뒤가 맞지 않는 경우가 많은 것과 같은 이치입니다. 우리는 여기서 베드로가 의식의 세계에서 행동하고 말하고 살았던 것과는 전혀 다른 무의식의 정신활동을 봅니다. 그것은 베드로의 의식이 통제할 수 없는 영역에 있습니다. 베드로도 어쩔 수 없는, 환상이라는 무의식의 정신활동에서 보여준 베드로의 무의식은 베드로 개인적인 차원이기보다는 이방인과 정결법에 대한 유대사회의 정체성과 관련된 뿌리 깊은 집단의식입니다. 이것은 베드로만이 갖고 있는 개인적인 특유한 의식이 아니라는 것입니다.

우리는 성서와 원시 교회 공동체 초기 자료에 기록된 베드로의 모습을 제외한 그의 개인적인 경험과 성장 과정을 알 수 없습니다. 따라서 정결법과 이방인에 대한 그의 개인의 심리와 상관관계를 명확하게 규명할 수는 없습니다. 정결법은 유대사회의 행동양식을 결정하는 근간이며 유대사회의 어느 법이나 도덕성과 사회규범을 초월하는 이념적으로 유대사회의 정체성을 가름하는 매우 중요한 요소임입니다. 이러한 사실을 고려할 때, 우리는 환상을 통해 나타난 정결법과 이방인에 대한 베드로의 무의식은 개인 무의식이라기보다는 집단의식이라고 하지 않을 수 없습니다. 정결법은 유대사회의 금기(taboo)이며 이것을 어기면 유대 공동체에서 더불어 살아가기가 어렵습니다. 따라서 정결법이나 이방인에 대한 거부는 베드로 개인의 독특한 경험에서 습득된 것이 아니라 유대인으로 태어날 때부터 안고 태어난 일반적이며 보편적인 유전과 같은 사회적·역사적 인자(因子)라고 할 수 있습니다. 베드로의 개인적인 인자가 아니라 유대인이면 누구나 갖게 되는 집단적인 유전인자와 같은 것입니다. 이와 같은 집단적 인자가 그의 의식을 구성하기 때문에 집단의식의 파괴력이 매우 강력한 것입니다. 개인의 힘보다 집단의 파괴력이 훨씬 강하다는 사실은 말할 것도 없이 당연한 사실입니다. 정결법과 이방인의 거부가 베드로 개인의 경험이나 개인적으로 습득한 것이 아니라는 점에서 보면 위에서 제기한 베드로의 괴리와 모순이 논리적으로 타당성을 갖게 됩니다.

이방인과 정결법에 대한 유대의 집단의식은 집단적이고 보편적이며 비개인적인 성질을 갖고 있으며 선재하는 형식이라 할 수 있습니다. 이것은 유대사회에서만 시간과 공간의 제약을 받는다는 점에서 인간의 심혼에 존재하는 원형적인 집단 무의식과는 구별되는 개념입니다. 어느 특정한 사회와 문화 속에서 태어나 성장하게 되면 개인의 경험과는 전혀 관계가 없더라도 유전인자처럼 원형으로 선재하게 됩니다. 한국인으로 이 땅에 태어나서 성장하게 되면 개인적으로 경험하지 않아도 갖게 되는 한국인 특유의 정서와 심리상태와 비슷한 것이라고 설명할 수 있습니다. 정결법과 이방인에 대한 유대인의 거부는 유대인의 정체성과 직결됩니다. 그것은 문화적으로 사회적 금기이며 이스라엘의 국가 이성(raison d'état)이며 이스라엘 삶의 모체(matrix)인 것입니다(AB, Vol.4, 1037). 그것은 개인이 경험으로 취사선택할 수 있는 문제가 아니며, 집단사회에서 배타적으로 작용하는 의식입니다. 그것은 생물학적 유전인자처럼 베드로의 개인적인 경험과 의도와는 달리 그가 속한 사회문화적 환경에서 그가 거부하기 어려운 두꺼운 껍질로 둘러싸인 집단의식입니다. 베드로가 환상 중에 주님이 깨끗하게 하신 것은 부정한 것이 아니니 잡아먹으라는 주님의 명령을 그토록 강하게 거부한 것도 베드로의 개인적 차원의 거부라기보다는 터부와 같은 집단의식에 순응한 것이라고 할 수 있습니다. 베드로 자신이 환상 속에 주님의 명령을 거부할 만큼 이 집단의식의 힘은 파괴적이며 강력하다고 할 수 있습니다.

3. 정결법과 터부

　베드로의 환상이 이방인과 정결법에 대한 집단의식의 분출이라는 논거는 분명합니다. 정결법과 이방인에 대한 배타적 혐오감은 유대사회의 독특한 민족주의적 특성을 반영하고 있습니다. 민족주의는 개인의 영역을 초월한 집단의 문제입니다. 융은 독일 나치의 민족적 사회주의를 집단적 심리현상(psychological mass phenomena)으로 보았습니다(CW 10, 474). 베드로 환상의 주제 이미지는 정결법과 그것에 감추어져 아직 드러나지 않은 이방인에 대한 배타적 혐오감으로 분명 유대인의 집단적 심리현상입니다. 환상 중에 베드로는 유대의 집단의식에서 이탈하지 않으려고 완강하게 거부하는 모습을 보입니다. 베드로가 환상 중에 그렇게 강력하고 단호하게 하나님의 명령을 거부한 것은 집단의식의 파괴적인 힘을 베드로 자신도 극복하기가 쉽지 않았음을 반증하는 것이라고 할 수 있습니다. 속되고 부정한 것을 한 번도 먹은 일이 없다고 베드로는 강변합니다. 베드로는 하나님께서 깨끗하게 하신 것을 속되다고 거부하지 말라는 주님의 음성을 세 번씩이나 거부합니다. 베드로의 이와 같은 강하고 지독한 완고함은 집단의식의 파괴적인 힘이 얼마나 크며, 그 파괴력이 사도 베드로를 압도하는 무서운 모습을 보여주고 있습니다.

　이방인과 정결법을 지키지 않는 사람은 유대인으로서의 정체성을 상실한다는 의미입니다. 그리고 정체성의 상실은 그가 속한 공동체로부터의 분리를 의미합니다. 분리는 유대의 전통 집단으로부

터 추방되는 것입니다. 이런 면에서 베드로의 환상은 터부와 관련
된 것이라 할 수 있습니다.

독일의 심리학자인 크라프트(Hartmut Kraft)는 터부를 공동생활
의 안녕을 목적으로 하며, 이 목적을 저해하는 것들을 삼가야 할
규칙으로 정의하고 있습니다. 그것을 위반하는 자는 공동사회로부
터 제명될 위험에 처해진다는 것입니다(Kraft, 2005: 62). 이런 관
점에서 정결법과 이방인 문제는 유대사회의 터부라고 할 수 있습
니다. 정결법을 위반하면 유대공동체에서 추방되었고 이방인은 부
정한 존재로 인식되어 공동체로부터 격리되어 제명되었기 때문입
니다. 어느 사회를 막론하고 터부를 위반한 자는 그 사회에서 추
방되는 것이 보편적입니다. 그렇기 때문에 터부를 위반하면 공동체
에서 추방되리라는 두려움과 공포가 뒤따르고 경우에 따라서는 정
신적인 죽음을 낳기도 합니다. 아담과 이브가 낙원으로부터 추방된
것도 금지된 나무의 열매를 먹음으로써, 즉 터부를 위반한 것으로
촉발되었습니다. 그러나 이와는 반대로 터부를 위반한 자를 다시
받아들이기 위한 속죄 의식이 행해지기도 합니다(Kraft, 2005: 49).
유대의 정결법은 깨끗한 것과 부정한 것을 구별하고 하나님이 거
룩하니 유대인도 거룩하게 되어야 한다는 전제를 안고 있습니다.
그리고 정결법의 규례는 깨끗한 것과 부정한 것의 구별만이 아니
라 부정하게 되었을 때 이를 다시 깨끗하게 하는 과정이 있으며
이는 통상 제의의식으로 이루어지고 있습니다. 또한 터부에서 가장
원조가 되는 주제는 근친상간 금기(incest taboo)와 음식 금기(food
taboo)라고 크라프트는 주장합니다(Kraft, 2005: 7). 왜 어떤 사회는
돼지고기를, 어떤 사회는 소고기 먹는 것을 금하고, 어떤 사회는

식인풍습과 식인제의를 행할까요? 정결법의 많은 부분이 음식 금기에 관한 것이므로 그의 주장에 의하면 정결법은 터부의 가장 원조가 되는 주제인 셈입니다.

터부시하기는 우리의 심리 내부에서뿐만 아니라 사람들 사이에서 작용하고 있고, 그것은 항상 새로운 터부를 만들어 내는 사회심리적 메커니즘 속에서 극명하게 드러납니다. 집단의 터부를 위반하는 자는 그 집단에서 제명됩니다. 집단의 정체성을 의문시하고 집단정신을 위협하기 때문입니다(Kraft, 2005: 22). 터부는 한 집단에 자기네들에게 속하는 것과 그렇지 않은 것이 무엇인지를 정의해 줍니다. 예컨대 교회에는 많은 성적 터부가 있습니다. 어떤 터부가 한 집단 정체성의 일부가 되면 우리는 그 단체의 방어 체계에 대해서도 알 수 있게 됩니다. 각각의 집단들은 이런 방식으로 그들의 정체성을 확립하고 보호합니다. 동시에 그들은 그들 집단의 정체성 혼란을 예방합니다. 왜냐하면 그로 인해 통합되지 않는 외부의 것을 배척할 수 있기 때문입니다.

이처럼 터부는 집단의 정체성과 관련된 것으로 한 집단에 속한 것과 그렇지 않은 것을 구별합니다. 그 집단에 속하지 않으면 집단의 방어 체계가 작동하여 정체성의 혼란을 예방하기 위하여 제명하는 것입니다. 유대의 정결법은 거룩한 것과 거룩하지 않은 것, 깨끗한 것과 부정한 것을 구별합니다. 이는 생명과 죽음의 구별이기도 합니다. 그렇기 때문에 부정한 것에 대한 터부는 거룩하고 성스러운 것에 대한 터부와 궤(軌)를 같이합니다. 부정한 것에 대한 터부는 깨끗하고 거룩한 것에 대한 터부를 전제로 하는 것입니다. 터부를 범하게 되면 터부의 대상이 깨끗하고 거룩한 것과 부정한 것을 막론하고 죽음에 이르기도 합니다. 그래서 프로이트는 터부는 신성한 것과 부정한 것 모두에 언제나 공통적인 특징 하나가 있는데 그것과 접촉하기를 꺼린다는 것입니다. 민수기에는 함부로 성소 안으로 들어갔다가 순간적으로나마 거룩한 물건들을 보게 되어 죽는 일을 경고하고 있습니다(민 4:20). 거룩한 물건에 대한 터부는 민수기 4:15에 기록되어 있습니다.

> 진 이동을 앞두고, 이렇게 아론과 그의 아들들이 거룩한 물건들과 그 물건에 딸린 모든 기구를 다 싸 놓으면, 비로소 고핫 자손이 와서 그것들을 둘러메고 간다. 이때에 거룩한 물건들이 그들의 몸에 닿았다가는 죽는다. 이처럼 회막의 거룩한 물건들을 옮기는 일은 바로 고핫 자손이 맡는다.

이와 같은 관점에서 프로이트는 그의 저서 토템과 터부(Totem und Taboo)에서 우리는 터부의 의미를 서로 반대되는 두 방향에서 이해하고 있다고 주장합니다.

> 우리는 터부의 의미를 서로 반대되는 두 방향에서 이해하고 있다. 터부는 우리들에게 한편으로 '거룩한', '신성한' 무엇이고, 다른 한편으로 '섬뜩한', '위험한', '금지된', '부정한' 것이다. 터부의 반대말은 폴리네시아어의 noa인데, 이것의 의미는 '익숙한', '범접 가능한'이다. 터부에는 '삼가다'의 개념 같은 것이 들어 있으며, 그 본질도 금지와 제약을 통해 드러난다. '성스러운 기피(heilige Scheu)'라는 복합적 표현이 터부의 의미에 대체로 부합할 것 같다(Freud, 1995: 43 – 44).

베드로의 환상 속에서 하나님께서 깨끗하게 하신 것을 속되다고 하지 말라는 주님의 명령과 속되고 부정한 것을 한 번도 먹은 일이 없다고 완강하게 부정하는 것이 대비되고 있습니다. 이들은 모두 금지된 것이며 삼가야 할 대상입니다. 정결법에 대한 터부는 서로 반대되는 두 방향에서 작용합니다. 거룩한 것은 부정한 것이 있어야 존재가 가능하고 부정한 것 역시 거룩한 것이 있어야 가능하기 때문입니다. 그런데 베드로의 환상은 거룩한 것과 부정한 것의 경계가 없으며 따라서 구별이 없음을 보여주고 있습니다. 오직 이방인과 정결법에 대한 배타적 혐오의 집단의식이 깨끗한 것과 부정한 것의 경계를 만들고 공동체 사회의 강력한 터부가 되었습니다. 그리고 이 터부는 크라프트가 주장한 대로 유대사회의 정체성을 형성하고 그것을 확립하는 데 기여하였습니다(Kraft, 2005: 16).

정결법과 관련된 유대인의 정체성은 거룩한 것과 부정한 것의 경계를 만들고, 그 경계 안에 각각 거룩한 것과 부정한 것을 구별하여 집단적으로 수용하는 것으로부터 비롯됩니다. 유대인 자신들은 거룩한 하나님의 백성이며 따라서 그들은 거룩하고 거룩해야 합니다. 따라서 부정한 것들은 모두 유대사회로부터 추방되거나 제명됩니다. 이방인들은 부정하며 따라서 그들이 거룩한 것과 섞이지 않도록 구별됩니다. 일종의 자기 보존의 심리와 같은 것입니다. 자기 보존 심리란 자신의 약점을 남의 탓으로 돌리고 마치 자신들에게는 아무 문제도 없는 것처럼 발뺌하는 것을 말합니다(Kraft, 2005: 41). 그리고 이것은 부정한 것에 대한 터부로 나타나며 특히 터부와 집단이 정결법이라는 하나의 테마로 묶여짐으로써 터부는 유대사회의 정체성에 그 정당성과 의미를 부여할 수 있게 되는 것입니다. 이는 개인적 터부와는 비교가 안 될 정도로 위력적이며 파괴력이 강한 국가적 차원의 터부가 되며 결과적으로 국가 자체의 생존을 좌우하게 됩니다. 따라서 국가적 차원의 터부를 위반하는 것은 국가적 정체성에 대한 위반과 같은 수준으로 취급됩니다. 그렇기 때문에 정결법과 같은 국가적 차원의 터부를 위반한 자는 그 사회에서 추방되었고 제명되었던 것입니다. 터부를 위반하는 것은 죽음을 의미하고 그로부터 발생하는 공포는 육체적 또는 정신적 죽음에 이르게 하는 것입니다.

베드로가 환상 중에 하나님이 깨끗하게 하신 것을 속되다고 하지 말고 잡아먹으라는 명령을 듣지 않고 결코 그럴 수 없다고 완강하게 거부한 것도 바로 이와 같은 국가적 차원의 터부에 대한 두려움과 공포에 연유된 것이라 할 수 있습니다. 그것을 위반할 때 그는 유대사회로부터 추방되고 제명될지도 모른다는 죽음의 공포에서 그가 자유롭지 못하고 있음을 잘 보여주고 있는 것입니다.

베드로는 환상을 보고도 자기가 본 환상이 대체 무슨 뜻일까 하면서 어리둥절해합니다. 환상의 의미를 베드로 자신도 모르고 있다는 것입니다. 무의식의 언어를 의식의 영역에서 이해할 수 없는 것은 너무나 분명한 일입니다. 다만 환상 이후에 일어나는 우연치 않아 보이는 일련의 사건들의 맥락에서 베드로는 환상에서 유대의 정결법의 이미지를 통하여 이방인과의 교제를 하나님이 지시하셨다는 사실로 연결시킵니다(행 11:28). 환상의 이미지는 정결법과 이방인과 관련된 것들로서 속되고 부정한 것과 깨끗한 것의 갈등입니다. 이들 이미지는 유대사회에서 터부시되는 금기들입니다. 크라프트는 터부의 영역이 다양함을 다음과 같이 설명하고 있습니다.

터부는 다양한 방식으로 나타난다. 의식적으로 활발히 논의되는 터부는 물론, 언어적으로 표현되지 않은 터부, 나아가 무의식적인 터부까지도 포함된다. 정치적 교정은 많은 언어 터부를 만들어 냈다. 그것들은 공공연하게 그리고 종종 격렬하게 담론화된 터부에 속한다. 반면 부끄러워 숨기고 싶어 하는 가족 내의 사건들, 혼전 출산 또는 부모의 알코올중독 같은 사건들은 언어가 아닌 다른 방식으로 전달된다. 사람들은 그에 대해 말하지 않으려 하고, 나아가 그런 이야기를 하려는 사람을 멀리하기도 한다. 무의식적인 터부에 대해서는 더욱 말할 것도 없다. 우리는 그러한 터부에 대해 아예 아무런 이야기도 하지 않는다(Kraft, 2005: 18-19).

베드로의 환상은 크라프트의 설명대로 무의식의 영역에서 나타난 터부입니다. 그렇기 때문에 베드로는 환상에서 깨어나서도 그 의미를 모르는 것은 당연한 일입니다. 그럼 무의식의 정신활동은 무엇이며 어떤 특징을 갖고 있을까요?

무의식은 아직 의식화되지 않은 정신세계이며 자아가 의식하거나 통제할 수 있는 경계를 넘어서 있습니다. 그렇기 때문에 무의식은 미지의 세계입니다. 이런 무의식은 또한 자기 전체를 실현시키는 근원적 능력이기도 합니다. 융의 분석심리학은 무의식에 대하여 다음과 같이 설명하고 있습니다.

의식의 중심으로서의 자아는 나의 정신의 의식된 부분에 불과하므로 그것이 나의 전체를 통괄하고 자각하려면 무의식적인 것을 하나씩 깨달아 나가는 의식화(Bewusstwerdung)의 과정이 필요하다. 그 과정에서 제일 먼저 부딪히는 무의식의 내용은 그림자이다. 그림자란 자아의식의 무의식적인 부분을 말한다. 보통 그림자 다음에는 아니마와 아니무스의 의식화가 뒤따른다. 이리하여 인간은 자기실현을 하게 된다. 자기실현 또는 개성화란 결국 자기의 전체 인격을 실현하는 것을 말하는데, 융은 이것이 인간의 내부에서 우러나오는 필연적 요구라고 본다. 인간은 누구나 자기실현을 할 수 있는 가능성을 태어날 때부터 가지고 있다는 생각이다.
이렇게 자기 전체를 실현시키는 근원적 능력이 무의식에 있는 것이며, 다시 말해서 무의식은 항상 그 근원적인 전체에의 지향성으로 말미암아 의식에 작용하여 의식으로 하여금 무의식적인 내용을 의식하도록 촉구한다. 의식이 그것

을 외면하여 그 정도가 너무 지나치게 되면 보상적으로 증가된 무의식의 힘이
의식을 헤아리거나 무의식의 콤플렉스가 의식을 사로잡는다. 이것은 대개 바람
직하지 못한 정신병리 현상이라 할 수 있지만 그 현상 뒤에는 해리를 지양하
고 통일된 정신세계를 형성하려는 무의식의 지향성이 작동하고 있다. 이렇듯
무의식은 의식에 대하여 보상적 관계에 있다. 의식이 무의식에 관심을 가지고
그것과 더불어 살 때 인간정신의 전체적 실현과 그 성숙은 가능해진다(이부영,
2006: 59 - 61).

    무의식은 항상 근원적인 전체에의 지향성을 갖고 있으며 의식으
로 하여금 무의식적인 내용을 의식하도록, 다시 말해 무의식적인
것을 하나씩 깨달아 나가는 의식화 과정을 실행한다는 뜻입니다.
이는 융의 분석심리학에서 대단히 중요한 개념입니다. 그렇게 함으
로써 무의식은 의식에 대하여 보상적 기능을 하고 있으며 이렇게
될 때 인간정신의 전체적 실현, 즉 개성화 과정이 가능해집니다.
그렇다고 한다면 베드로의 환상 역시 무의식의 정신활동으로서 베
드로의 의식으로 하여금 무의식적인 내용을 의식하도록 무의식의
지향성이 작동하고 있다는 의미입니다. 그럼 그 지향성은 무엇일까요?
융은 무의식이 의식으로 통합되지 않으면 파괴적인 퇴행(destructive
regression)이라는 더 큰 위험에 빠지게 된다고 주장합니다(CW 10,
475). 그러면 베드로의 환상을 통하여 나타난 터부는 어떻게 그의
의식으로 어떻게 통합될까요?

    프로이트는 무의식을 부정적인 관점에서 보지만 융에게 무의식
은 생명의 역동이며 자율적 조화이며 놀라운 정신의 합일입니다.
중립적인 무의식이 파괴적인 퇴행의 위험에 빠져들지 않기 위해서
는 내재되어 있는 대극 중 한쪽 방향에 자리 잡고 있는 저급한 것
그리고 부정적인 것이 개인의 의식을 지배하여 파괴로 이어지지

않도록 해야 합니다. 이렇게 하기 위해서는 무의식의 긍정적 선의 가치를 의식으로 통합시켜 현실로 인도하고 동시에 해악을 초래하는 방향으로 기우려는 경향을 가급적 멀리 차단시켜야 합니다. 여기서 중립적인 무의식이라는 의미는 무의식이 부정적, 긍정적 어느 방향으로도 가능하다는 것입니다.

베드로의 환상은 정결법과 이방인에 대한 그의 집단의식을 극복하기 위한 터부에의 도전이라고 할 수 있습니다. 그의 의식은 정결법과 이방인에 대한 혐오적 배타적인 집단의식을 통합하지 못하고 있습니다. 그렇게 하기 위해서는 정결법과 이방인에 대한 터부를 깨뜨려야 하는데 이로 인한 터부 위반의 대가가 너무 강력하고 파괴적입니다. 그 대가는 공동체로부터 배척을 받고 경우에 따라서는 정신적인 죽음을 의미하기 때문에 그에 대한 두려움과 공포로 주저하고 있는 것입니다. 그러나 그의 무의식은 이 문제에 대하여 침묵하지 않습니다. 그의 무의식은 의식이 침묵하는 터부에 대하여 화산처럼 분출합니다. 그것은 거룩한 것과 부정한 것의 문제이고 생명과 죽음의 본질적인 문제입니다. 베드로의 환상은 거룩한 것을 통하여 부정한 것을 거부하며, 또한 부정한 것을 통하여 거룩한 것을 수용하고 있습니다. 다만 이것을 의식의 언어가 아니라 무의식의 상징으로 말하고 있기 때문에 베드로 자신이 이를 의식하지 못하고 있을 뿐입니다. 베드로가 의식으로서는 할 수 없는 과제인 이방인과 정결법의 터부에 대한 도전을 무의식이 환상의 이미지를 통하여 깨뜨리고 있는 것입니다. 이러한 사실은 터부의 기능에 대한 크라프트의 주장과 잘 일치됩니다.

폴리네시아에서 터부는 한편으로는 음식물 조달과 관련된, 다른 한편으로는 공공 혹은 사유 재산의 보호를 위한 금기사항으로서가 아니라 사회 조절의 도구로 여겨졌다. 슈타이너(F. Steiner)는 터부를 일반적인 '위험의 사회학(Soziologie der Gefahr)'에서 집중적으로 다루기를 제안했다. 그에 따르면 터부는 공동사회를 위험으로 몰고 갈 수 있는 모든 현상들의 윤곽을 드러나게 하는 역할을 하고 있다. 터부 침범자의 제명을 통해서 터부시된 영역이 드러나게 되고 사회는 그 영역을 인정하고 받아들인다(Kraft, 2005: 59).

슈타이너(F. Steiner)는 터부에 대한 도전을 사회 조절의 도구로 이해하고 있습니다. 터부 침범을 통하여 침범자는 제명되지만 공동사회를 위험으로 몰고 갈 수 있는 현상들이 윤곽을 드러내는 역할을 하게 되고 결과적으로 그 사회는 터부 영역을 인정하고 받아들인다는 것입니다(Kraft, 2005: 59). 이와 같은 터부의 사회적 기능을 베드로 개인에게도 적용할 수 있을 것입니다. 정결법과 이방인에 대한 터부를 베드로의 무의식은 환상으로 이를 드러나게 합니다. 정결법과 이방인에 대한 터부는 생명을 파괴하는 혐오의 거부이며 궁극적으로는 베드로가 몸담고 있던 예수 공동체를 위험으로 몰고 갈 수 있습니다. 그럼에도 불구하고 베드로의 의식은 터부 위반에 대한 두려움과 제명과 공동체 축출에 대한 공포 때문에 이 터부를 극복하지 못하고 도전하지 못합니다. 그러나 그의 무의식은 의식의 결핍을 보완하는 보상작용을 통하여 환상 중에 정결법과 이방인의 터부를 드러나게 하고 그것을 의식의 영역으로 끌고 옵니다. 터부 침범자의 제명을 통해서 터부시된 영역이 드러난 것처럼 그의 의식의 영역 안으로 터부가 들어와 의식화되고 베드로는 터부의 영역을 인정하고 받아들이게 된 것입니다. 터부의 영역을 인정하였다는 말은 그가 정결법과 이방인 금기를 수용했다는 의미가 아닙니다. 그것은 터부 위반에 대한 공동체의 처벌이 두려워서 의식의 영역에서 이에 대하여 도전하지 못하였는데, 무의식이 이 문제를 환상을 통하여 베드로의 의식의 영역으로 끌고 왔다는 의미입니다. 융이 말하는 무의식의 의식화이며 무의식의 보상적 기능입니다. 무의식의 보상적 기능에 대하여 융은 다음과 같이 설명하고 있습니다.

무의식의 본성에 관한 근본적인 착오는 무의식의 내용은 한 가지 의미만을 갖고 있으며 또한 변경될 수 없는 플러스나 마이너스 부호만을 고정적으로 갖고 있다고 생각하는 것이다. 융은 이러한 생각을 너무나 단순한 것이라고 주장한다. 정신은 육체처럼 평형을 유지하는 자가(自家) 조정(調整) 체계이다(Self − regulatory system). 정신의 과정이 과도하게 발생하면 즉시 그리고 반드시 보상작용을 불러온다. 이런 보상작용이 없다면 정상적인 대사도, 정상적인 정신도 없다. 이런 의미에서 보상작용의 이론은 정신 형태의 기본 법칙이라고 할 수 있다. 의식과 무의식의 관계는 보상적이다. 이 사실은 꿈의 해석에서 가장 잘 증명된 법칙의 하나이다. 우리가 꿈을 분석할 때 언제나 어떤 의식적 태도가 무의식을 보상하느냐라는 질문을 던지는 것이 도움이 된다(CW 16, 330).

우리의 정신은 육체와 마찬가지로 자가 조정 체계를 갖고 있으며 무의식의 내용의 가치는 플러스와 마이너스에서 중립적이라는 것입니다. 우리 몸의 신진대사에 이상이 발생할 때 이를 조정하고 치료하는 자가 면역 체계가 우리 몸 안에서 작동하듯이, 우리의 정신이 어느 한쪽으로 과도하게 시계추가 이동하듯이 치우치게 되면 무의식의 자가 조정 체계가 보상적인 기능을 작동시켜 균형을 이룬다는 것입니다. 융은 무의식의 보상작용의 이론을 정신 형태의 기본 법칙이라고 주장합니다.

이와 같은 융의 주장에 의하면 베드로 의식의 무엇이 환상으로 활성화된 그의 무의식을 보상하느냐 하는 문제입니다. 베드로가 의식으로서는 정결법으로 상징되는 이방인에 대한 배타적 혐오감에 절대적으로 동조할 수 없었을 것입니다. 예수의 수제자, 예수의 부활과 승천의 목격자, 오순절 성령 강림의 주도자, 원시 교회 공동체의 절대적 카리스마 지도자, 이런 모든 수식이 말해주듯 베드로의 의식으로서는 이방인에 대한 유대인의 차별을 결코 용납하지 않았을 것입니다. 무엇보다도 예수가 선포한 복음이 허용하지 않았습니다. 그렇기 때문에 베드로는 사마리아 지방에서 복음을 전했고 욥바에서는 유대인으로 보이는 무두장이 시몬의 집에 여러 날 묵었을 것입니다. 그럼에도 불구하고 그는 고넬료를 만나기까지 원시 교회 공동체의 지도자로서 이방인 선교에 대하여 선언적인 행동을 하지 않았습니다. 무엇 때문이었을까요?

그때까지도 원시 교회 공동체 안에서 이방인 선교 문제는 정식으로 거론되지 않았던 것으로 보입니다. 그러나 원시 교회 공동체가 예루살렘 교회를 중심으로 점차 확장되고 디아스포라 유대인 신도들의 숫자도 증가하면서 상황은 달라졌습니다. 디아스포라 유대인 신도들을 중심으로 이방인 선교 문제는 회피할 수 없는 이슈로 수면 위로 떠오르고 있었습니다. 베드로의 의식으로는 이방인 선교 문제에 대하여 부정적인 입장을 취할 가능성이나 개연성은 전혀 없었을 것입니다. 이는 너무나 당연합니다. 그러나 유대인으로서 그것도 지리적으로 이방 문화에 포위된 지역이면서도 그것에 동화되지 않고 유대의 전통과 정체성을 유지했던 갈릴리 지역에서 어부로 살았던 베드로, 그의 깊은 내면에 자리 잡고 있는 정결법과 이방인에 대한 집단 터부 의식은 한편으로는 대단히 강력한 것이어서 그는 터부 위반에 따른 제명의 위험을 두려워했을 것입니다. 정결법과 이방인에 대한 터부는 유대사회의 안녕을 위한 통치 목적으로 사용되었고 그것을 위반하면 공동체로부터 추방되거나 제명되는 정신적 죽음을 의미했기 때문입니다. 수제자 베드로, 사도 베드로도 어찌할 수 없이, 이와 같은 터부 위반의 두려움 때문에 그의 의식과는 괴리되어 다른 말을 하고 있는 것입니다. 베드로의 환상은 그의 의식의 영향에서 배제된 무의식의 정신과정으로 베드로의 내면의 진실과 현실성을 있는 그대로 묘사하고 있는 것입니다. 이에 대하여 융은 다음과 같이 설명하고 있습니다.

> 꿈은 꿈꾼 사람의 내적인 상황을 묘사하는데 의식은 꿈은 진실성과 현실성을 전혀 인정하지 않거나 또는 그저 마지못해 인정한다는 것이다. 그런데 의식의 영역에서 우리는 언제나 그런 경우에 확신을 갖기 어렵다. 꿈은 내가 마음대로 할 수 없는 하나의 표명으로서 의식의 영향에서 배제된 무의식의 정신과정으로 나타나 꿈꾼 사람의 내적 진실과 현실성을 있는 그대로 묘사한다(CW 16, 304).

여기서 우리는 이방인에 대한 베드로 감정의 대극을 만날 수 있습니다. 의식과 무의식은 정결법과 이방인에 대하여 서로 다른 말을 하고 있는 것입니다. 의식에 대하여 무의식이 베드로의 내적 진실과 현실성을 있는 그대로 보여주는 메커니즘은 정신의 자가 조정 체계의 발동이라고 할 수 있습니다. 베드로의 무의식은 의식적인 마음과 일치하지 않으며 오히려 그것과 특이한 일탈을 보여준다고 융은 다음과 같이 설명합니다.

> 무의식은 꿈의 모체로서 의식과는 별개의 독립적인 기능을 갖고 있다. 왜냐하면 대부분 꿈의 의미는 의식적인 마음의 경향과 일치하지 않으며 오히려 그것

과 특이한 일탈을 보여주기 때문이다. 융은 이것을 무의식의 자율성(the autonomy of the unconscious)이라고 규정한다. 꿈은 우리의 의지를 따르지 않을 뿐 아니라 의식적인 의도에 대하여 날카로운 대극의 입장을 취한다. 문제는 그 대극이 항상 뚜렷하게 드러나는 것이 아니다. 때로는 꿈이 의식의 태도에서 약간 벗어나 약간의 변형이 있기도 한다. 경우에 따라서는 의식의 내용과 경향과 꿈이 일치하기도 한다. 이런 형태를 하나의 공식으로 설명하기 위하여 융은 꿈의 보상 개념을 말한다. 꿈의 보상작용28)만이 꿈이 어떻게 작용하느냐 하는 면에서 각기 다른 모든 여러 가지를 종합할 수 있다(CW 8, 545).

베드로의 환상이 그동안 터부 위반에 대한 두려움과 공포로 억압되고 의식이 인식하지 못했던 것들을 자율적(autonomously)으로 끄집어내어 의식과 무의식 사이 대극의 간격을 스스로 조정하는 것입니다. 이방인에 대한 베드로의 무의식은 일어나 잡아먹으라는 주님의 명령을 세 번씩이나 단호하게 거부할 정도로 그의 의식과 일탈되었습니다. 이는 터부에 대한 무의식의 반응이지요. 무의식은 의식이 제기하지 못했던 터부의 문제를 제기합니다. 그가 강하고 단호하게 주님의 명령을 거부하였다는 것은 터부에 대한 그의 두려움과 공포가 도를 넘어 죽음에 이를 수도 있다는 베드로 내면의 위기의식의 발로입니다. 의식의 관점에서만 바라본다면 베드로의 환상의 내용은 돌발적이며 그동안 베드로의 위치와 언행에 비추어 전혀 이해가 되지 않습니다. 베드로는 환상 직후에는 그 의미가 무엇인지 어리둥절해합니다. 그러나 그 이후에 그 의미를 깨닫게 되고 고넬료와의 만남과 그의 회심이 이루어지면서 정결법과 이방

---

28) 융은 꿈의 보상작용을 보충작용(complementation)과 엄격히 구분한다. 융에 의하면 보충작용은 너무 좁고 너무 제한하는 개념이다. 보충작용으로 꿈의 기능을 설명하는 것은 충분하지 못하다. 왜냐하면 보충은 두 사물을 다소 기계적으로 보충하기(supplement) 때문이다. 그러나 보상작용은 여러 가지 다른 데이터나 관점의 균형과 비교로서 상태가 조정되며 혹은 수정됨을 의미한다.

인에 대한 베드로가 갖고 있던 터부 의식이 그의 무의식과 통합되는 과정을 거치게 됩니다. 이러한 일련의 과정들이 융이 말하는 자율적 꿈의 보상적 기능입니다. 융이 말하는 꿈의 보상적 과정은 일반적인 생물학적 과정의 성질과 본질적으로 부합되며(CW 8, 485) 그것은 자율적 반응이며, 인위적이고 조작적인 반응은 아닙니다. 융이 꿈의 보상적 기능을 말하고 있으나 그렇다고 해서 무의식이 의식에 종속되어 있거나 열등의 위치에 머문다는 의미도 아닙니다. 융은 무의식과 의식의 관계성에 대하여 다음과 같이 설명합니다.

> 무의식의 의미는 정신이라는 총체적 활동에서 의식의 활동만큼 큰 것 같다. 융은 이러한 주장의 근거를 오랜 기간의 경험과 깊은 연구의 결과로 설명한다. 이 견해가 옳다면 무의식의 기능을 단지 보상적이며 의식 내용에 상대적인 것이라고만 보아서는 안 될 것이고 의식의 내용 또한 어느 순간 무리를 이루는 무의식의 내용에 대하여 상대적이라고 보아야 할 것이다(CW 8, 491).

그러면 무의식의 보상작용은 어떤 형태로 이루어지는가? 융에 의하면 무의식의 보상 양식에서 어떤 특정한 법칙을 설정하는 것은 쉬운 일이 아닙니다. 보상의 여러 가지 가능성은 수없이 많고 무한합니다. 의식적 정신생활에 미치는 무의식의 영향이 날이 갈수록 더욱 많이 발견된다고 융은 말하고 있습니다(CW 8, 491). 융은 무의식의 보상작용과 관련하여 세 가지 가능성을 주장합니다.

> 꿈의 보상작용과 관련하여 세 가지 가능성이 있다. (1) 삶의 상황에 대한 의식의 태도가 한쪽으로 크게 기울어 있으면 꿈은 반대편 쪽을 취한다. (2) 만일 의식이 '중간' 근처에 위치하고 있으면 꿈은 변이(variation)에 만족한다. (3)

꿈의 보상작용은 근본적으로 의식과 무의식의 간격으로부터 균
형을 이루려는 작용이며 따라서 양자의 중간에서 대극이 통합되는
과정입니다. 그 간격이 크면 무의식은 의식과 반대편 쪽을 취합니
다. 꿈은 의식적인 의도에 대하여 날카로운 대극의 입장을 취하는
데 베드로의 환상이 이 경우에 속하는 것이라고 할 수 있습니다.
만일 꿈에서 의식이 중간에 가까이 위치해 있어서 의식의 태도와
약간 벗어나 있으면 무의식은 일부 조정인 변이를 통하여 균형을
이룹니다. 목표는 의식과 무의식의 사이의 간격의 중간입니다. 바
로 이 간격의 중간이 균형입니다. 의식과 무의식이 균형을 이루고
있으면 꿈 역시 균형을 이루고 무의식은 의식과 일치하며 그러한
경향을 강조합니다. 베드로의 환상에 나타난 무의식의 이미지는 그
의 의식과는 간격이 너무 큼을 보여주고 있습니다. 대극의 한쪽에
는 베드로의 의식이 있습니다. 그것은 예수의 수제자, 원시 교회
공동체의 지도자인 사도 베드로의 모습이지요. 그것은 베드로의 페
르조나이며 유대의 정결법에 대한 외식적인 태도를 허락하지 않고
있습니다. 그는 예수의 수제자로서 예수께서 서기관과 바리새인들
과 정결법에 관한 논쟁을 통하여 그들의 외식과 가식을 정면으로
비판하신 것을 직접 경험했습니다. 베드로의 의식은 이방인에 대한
열린 마음을 갖고 있지요. 더욱이 지상의 예수가 제자들에게 한

마지막 당부는 예루살렘과 유대와 사마리아와 땅끝까지 복음을 전하라는 사명이었습니다. 사마리아와 땅끝은 유대의 경계를 넘어 이방인을 의미하는데 어떻게 베드로의 의식이 이방인에 대하여 선교의 문을 닫아둘 수 있겠습니까? 정결법과 이방 선교에 대하여 그의 사회적 인격인 페르조나가 지향하는 관점은 분명합니다. 그러나 이와는 한편으로 그의 내면에는 정결법과 이방인에 대한 유대사회의 터부가 자리 잡고 있습니다. 그것은 본질적으로 두려움과 죽음에 대한 공포입니다. 적어도 수제자 베드로, 사도 베드로의 사회적 인격인 페르조나는 터부를 의식하거나 두려워하는 것과는 거리가 있었다는 사실입니다. 그러나 그의 드러나지 않는 무의식의 내면세계는 터부 침범에 대한 두려움과 죽음에의 공포가 자리 잡고 있었을 것입니다. 그렇기 때문에 그의 환상이 무의식의 언어와 이미지로 이 문제에 도전하고 있는 것이지요.

그의 무의식은 그의 의식과는 다른 관점에 서 있습니다. 그것은 유대인들이 고수하고 있는 정결법과 이방인에 대한 배타적 혐오감으로 이루어진 터부입니다. 이것은 예수의 수제자, 사도 베드로의 위치와는 관계가 없고 베드로 자신도 터부 무의식의 존재를 인식하고 있지 못하고 있습니다. 우리는 여기서 유대의 정결법과 이방인에 대하여 그의 내면에 자리를 잡고 있는 터부 무의식이 예수의 수제자 베드로, 사도 베드로와는 도저히 양립할 수 없는 극심한 대극의 관계에 있음을 봅니다. 하나님이 깨끗하게 하신 것을 속되다고 하지 말고 일어나 잡아먹으라는 주님의 명령에 세 번씩이나 거부한 베드로의 강하고 단호한 거부는 그의 의식과 무의식의 간격이 그만큼 멀리 떨어져 있다는 반증이기도 합니다. 그가 환상

중에 본 자신의 무의식은 대단히 놀랍고 두려운 것이었으며 동시에 위협적이었습니다. 그렇기 때문에 그에 대한 반작용으로 베드로는 환상 중에서도 그토록 강하고 단호하게 그것도 주님의 명령을 세 번씩이나 거부하였습니다. 자신은 부정한 무두장이 시몬의 집에서 머물면서도 속되고 부정한 것은 한 번도 먹은 일이 없다고 자기모순의 항변을 하였습니다. 그가 거부하고 항변한 대상은 주님이 아니라 그의 내면에 자리 잡고 있던 터부에 대한 두려움이었습니다. 바로 그 무의식을 베드로는 대면하고 무의식의 통합 과정, 즉 대극의 합일 과정을 거치게 됩니다. 좀 더 쉽게 말하면 정결법과 이방인에 대한 그의 의식과 무의식의 간격이 좁혀지고 중간의 균형점으로 수렴하는, 즉 정상적인 심리 균형을 이루려는 것입니다. 이것이 융이 말하는 의식의 결핍에 대한 무의식의 보상작용이라고 할 수 있습니다. 융은 꿈의 보상작용에 대하여 다음과 같이 설명합니다.

> 대부분 꿈의 보상작용은 정상적인 심리 균형을 이루는 것을 목표로 하고 그렇기 때문에 정신체계의 일종의 자가 조정이다. 그러나 어떤 조건 아래서 보상작용은 치명적인 결과를 일으켜 파괴적인 경향을 일으키기도 한다. 그렇게 되면 자살이나 다른 이상한 행동을 하게 된다(CW 8, 547).

베드로의 경우 무의식의 보상작용은 치명적인 결과를 일으키거나 파괴적인 경향을 일으켰다고 볼 수 없습니다. 베드로는 환상 이후 무의식의 보상작용을 통하여 의식과 정상적인 심리 균형을 이루어 갑니다. 이 과정이 고넬료의 회심을 인도하는 이후의 기록에 잘 드러나고 있습니다.

베드로는 환상에서 깨어난 후, 자기가 본 환상이 대체 무슨 뜻일까 하면서 속으로 어리둥절했다(διηπόρει)고 기록하고 있습니다. 이때 고넬료가 보낸 사람들이 시몬의 집을 찾아 문 앞에 도착합니다. 그들은 큰 소리로 베드로라는 시몬이 묵고 있는지 여부를 묻습니다. 그러나 여전히 베드로는 그 환상을 곰곰이 생각하고 있습니다(διενθυμουένου). 아직도 베드로는 환상의 여진으로부터 완전히 깨어나지 않았지요. 처음에는 어리둥절했다는 διαπορέω라는 단어를 사용한 것으로 보아 환상의 의미에 대하여 심히 난처하여 당황하며 그 내용에 대하여 근심한 듯 보입니다. 두 번째는 διενθθμέομαι를 사용하여 베드로의 마음이 환상의 의미에 대하여 깊이 숙고하고 있음을 알 수 있습니다. 베드로의 심리상태에 변화를 읽을 수 있고 여기서 환상에서 막 깨어난 때보다는 어느 정도 안정을 찾은 듯합니다. 그러나 고넬료가 보낸 사람들이 큰 소리로 그를 부르는데도 그의 마음은 여전히 환상에 머물러 있습니다. 그러자 성령께서 베드로에게 성령이 그들을 보내셨으니 의심하지 말고 그들과 함께 가라고 말씀합니다. 그런 연후에야 베드로는 자신이 문을 열어주고 그 사람들을 불러들여서 한집에 묵게 합니다. 그 사람들은 이방인들입니다. 베드로는 이방인들을 영접한 셈입니다. 고넬료가 보낸 사람을 베드로가 영접하는 직접적인 계기를 누가는 성령의 지시함 때문이라고 기록하고 있습니다. 이런 관점에서 본다면 베드로의 환상은 꿈의 예시적 기능을 의미하는 것일까요? 거의 모든 성서주석가들이 베드로의 환상을 하나님께서 베드로를 통하여 이방인 선교의 문을 활짝 열어주시기 위한 예시적(prospective), 예언적 기능으로 해석하고 있습니다. 융은 예시적 꿈의 존재를 부인하지는 않습니다. 그러나 예시적이라고 해서 예언적(prophetic)이라고 부르는 것은 옳지 않다고 주장하면서 꿈의 예시적 기능과 보상적 기능을 다음과 같이 설명합니다.

> 나는 꿈의 예시적 기능(prospective function)과 보상적 기능(compensatory function)을 구별하고자 한다. 후자는 의식과 관련한 무의식이 의식의 상황에 전날에 일어난 그 모든 요소들을 가산(加算)하는 것이다. 그 요소들은 억압되거나 아니면 의식에 도달하기에는 너무나 약해서 단순히 잠재의식에 머물러 있는 것들이다. 이 같은 보상은 정신 조직의 자가 조정이라는 점에서 보면 합목적이다.
>
> 다른 한편으로 예시적 기능은 미래에 의식이 이룩하려는 성취에 대한 무의식의 기대이다. 그것은 예비 연습이나 스케치 같은 것이며 사전에 작성된 개략의 계획안과 같은 것이다.
>
> 그것의 상징의 내용은 때로는 갈등 해결의 기본골격과 같은 것이다(outlines the solution of a conflict). 이와 같은 예시적 꿈이 존재한다는 사실을 부인할 수 없다. 이런 예시적 꿈을 예언적(prophetic)이라고 부르는 것은 옳지 않다. 왜냐하면 예시적 꿈은 질병의 진단이나 일기 예보 같은 정도의 예측(forecast)에 불과하기 때문이다. 그것은 단지 확률적 기대치(期待値)의 결합일 뿐이며 그것이 우연히 실제와 일치할 수 있으나 세부적인 내용까지 일치하지는 않는다. 세부적인 내용까지 일치하는 경우에만 예언적(prophetic)이라고 말할 수 있다. 꿈의 예시적 기능이 의식이 예견하는 것보다는 훨씬 우월할 수 있다. 왜냐하면 꿈은 의식이 놓쳐 버린 모든 지각, 생각과 감정들의 결합이면서 의식에 더 이상 효과적으로 영향을 미칠 수 없는 기억의 흔적이 꿈을 지원하고 있기 때문이다. 그러므로 예단(豫斷, prognosis)이라는 면에서 무의식의 꿈이 때로는 의식보다 훨씬 유리한 입장에 있다(CW 8, 492 – 3).

그러면서도 융은 꿈의 예시적 기능을 너무 과대평가하는 것을 경계하고 있습니다. 그렇게 될 경우 꿈이 우월한 예지능력으로 삶의 방향을 올바르게 인도한다는 착각에 빠지게 될 우려가 있다는 것이지요. 융은 그렇게 되는 경우 일종의 정신 허세증(psychopomp)과 같은 위험에 빠질 수 있다고 경고합니다(CW 8, 494). 우리는 베드로의 환상에서도 꿈의 예시적 기능을 찾아볼 수 있습니다. 환상에 나타난 베드로의 무의식이 의식에 대한 보상이라는 측면은 이미 살펴보았습니다. 베드로의 환상은 무의식의 보상이라는 관점에서 보면 이는 분명 예시적 기능을 갖고 있습니다. 환상은 융이 말한 바와 같이 베드로의 의식이 성취하려고 하는 이방 선교에 대한 베드로 무의식의 기대입니다. 베드로의 환상은 고넬료의 회심을 위한 예비단계의 준비이며 유대의 정결법과 이방인에 대한 배타적 혐오감의 갈등을 해결하기 위한 무의식이 작성한 기본골격과 같은 것입니다. 베드로가 고넬료의 집에 도착하여 자신의 방문을 자신이 본 환상의 결과라고 설명하고 있습니다(행 10:28 이하). 베드로는 환상을 통하여 정결법과 이방인에 대한 자신의 의식과 무의식은 어느 정도 조화를 이루게[29] 됩니다. 겉으로 달라진 것은 아무것도 없습니다. 그러나 예수의 수제자, 원시 교회 공동체의 카리스마적 지도자인 사도 베드로가 이방인에 대한 외적 인격과 무의식의 내적 인격은 환상이라는 무의식의 보상기능을 통하여 균형을 이루게 되었습니다. 이전까지는 수제자 베드로, 사도 베드로라는 외적 인격과 내적 인격이 따로따로 대극의 위치에서 대립의 관계에 있었으나 이제는 전체성 안에서 통합되었습니다. 이런 관점에서 보면 베드로의 환상은 합목적적이며 예시적이라고 할 수 있습니다.

---

29) 또한 유대교의 전통에 충실한 예루살렘 교회의 신도들이 이방인과 교제하였다고 베드로를 비난할 때에 베드로는 환상의 내용을 자세히 설명한다. 이때 베드로가 자신을 변호하기 위해 행한 연설 중에 가장 핵심적이고 추적인 부분이 환상의 내용이다. 베드로는 환상을 통하여 자신의 내면의 갈등을 해결했을 뿐만 아니라 예루살렘 교회 안의 반대파들과의 갈등도 해결하였다.

4. 개성화

개성화(individuation) 혹은 자기실현은 융의 분석심리학 이론에서 가장 중심적인 개념입니다. 개성화는 과정을 의미합니다. 융이 말하는 '개성화 과정'은 타고난 자율적 과정입니다. 융은 개성화라는 용어를 한 사람이 심리적으로 분열되지 않은(in - dividual) 상태를 표현하는 데 사용하였으며 그것은 의식과 무의식이 온전한 통합을 이루는 상태입니다. 그것이 비록 자율적 과정이기는 하지만 인격이 건전하게 개성화되기 위해서는 적절한 경험과 교육이 필요합니다(박종수, 2004: 52). 자율적이라고 해서 저절로 이루어지는 것은 아니라는 뜻입니다. 개성화는 의식의 중심으로서의 자아(ego)와 무의식의 중심에 있는 자기(self)와의 만남이며, 이를 다른 말로 표현하면 무의식의 의식화입니다. 무의식과 의식의 균형이라고도 말할 수 있습니다. 이 과정에서 한 인간이 실제 삶 속에서 선천적으로 갖고 있는 개인 정신의 잠재가능성을 의식의 지평으로 발현하여 이해하고 발달시키기 위한 노력을 의미합니다.

융은 한 개인의 개성이야말로 인간이 도달할 수 있는 가장 내면적이며 궁극적인 것이라고 설명하면서 그것은 그 어느 것과 비교할 수 없는 유일무이한 독특함을 의미한다고 설명합니다. 따라서 융은 개성화를 자기다움(selfhood)에 이르는 것이나 자기실현(self - realization)이라고 해석합니다(CW 7, 266). 이런 관점에서 보면 자기는 진정한 의미에서 그 사람의 개성입니다. 융이 주장하는 개성화는 자기가 되는 것(Selbstwerdung)입니다. 융은 전체 정신으로서의 자기에 대하여 다음과 같이 설명합니다.

> 경험적인 개념으로서 자기는 의식과 무의식을 통튼 인간의 모든 정신현상 전
> 체를 의미한다. 자기는 전체 인격의 통일성과 전일성을 나타낸다. 그러나 무의
> 식이 있어서 전체 인격 중에 의식의 부분만을 인식할 수 있다. 그렇기 때문에
> 자기의 개념은 부분적으로 잠재적인 면에서만 경험적인 것이라 할 수 있으며
> 이 범위 안에서만 공리(公理)로 작용한다. 다른 말로 표현하면 자기는 경험할
> 수 있는 것과 경험할 수 없는 것(혹은 아직 경험되지 않은 것)을 포함한다. 의
> 식과 무의식은 정신현상의 전체를 구성하고 있다는 사실은 명제이며 그것은
> 초월적인 개념이다. 왜냐하면 그것은 무의식의 요소라는 존재를 경험적인 바탕
> 에서 전제하고 있으며 오직 일부분에서 독창적인 개체로 특징할 수 있으나 다
> 른 부분에서는 현재 알 수 없고 제한할 수 없는 미지의 상태로 남아 있기 때
> 문이다.
> 의식과 무의식의 현상이 실제적으로 서로 만나는 것처럼 전체 정신으로서의
> 자기는 또한 의식과 무의식의 양상을 갖고 있다. 경험적으로 자기는 꿈, 신화,
> 동화에서 왕이나 영웅, 예언자, 구세주로 나타나며 전체성의 상징으로는 원이
> 나 사각형, 오각형이나 십자가의 형태로 나타난다. 자기가 대극의 합일(complexio
> oppositorum)을 표현할 때에는 연합된 이중성 예를 들어 음양의 도나 적대적
> 인 형제들, 파우스트와 메피스토펠레스처럼 영웅과 반대자들로 나타난다. 그러
> 므로 자기는 경험적으로 보면 비록 대극이 합일되는 전체성과 통일성으로 인
> 식되지만 빛과 그림자로 나타난다(CW 6, 789 - 790).

개성화는 심리적 차등의 과정이며 그 목표는 각 개인의 개성을 발전시키는 것이라고 할 수 있습니다. 일반적으로 개성화라고 하면 개인의 인간이 형성되고 차별되는 과정을 의미합니다. 특별히 개인의 심리 발달 면에서 보면 일반적이며 집단적인 심리로부터 구별되는 것이지요. 융은 인간의 삶 특유의 가치와 깊은 중요성에 대하여 분명히 말했습니다. 이와 같은 인간의 삶의 우선성이 세계의 위대한 종교들에 반항(反響)되고 있으나 많은 현대의 대중운동에서 개인이 사회적·경제적·군사적 한 단위로 축소되면서 사라지고 있

습니다. 이런 의미에서 개성화는 과도하게 기술적이거나 이데올로기적인 세상에서 인간의 가치가 상실되는 위협에 대해 대위적(代位的)입니다. 개성화 과정은 의식의 책임적 중심으로서의 자아와 전체 정신의 신비한 조정의 중심인 자기 사이에 끊임없는 대화와 관련되어 있습니다. 우리는 자기의 본성을 알지 못하고 있습니다. 자기는 정신의 관측 가능한 행동을 토의하기에 필요한 개념이며 그러나 직접적으로 설명할 수는 없는 것이라고 융은 주장하고 있습니다.

그렇다고 해서 융의 개성화는 집단과 분리되어 고립되는 것을 의미하지는 않습니다. 개인은 단순히 혼자 동떨어진 존재가 아니며 인간의 존재의 본질상 집단적인 관계를 전제로 합니다. 따라서 개성화 과정은 보다 강력하고 광범위한 집단적 관계로 인도하는 것이며 고립되는 것은 아니라고 융은 주장합니다(CW 6,758). 그러므로 개성화는 개인을 세상으로부터 차단하지 않으며 오히려 세상을 그 자신에게 모으는 작업이라고 할 수 있습니다. 개성화에는 두 가지 원칙적인 관점이 있습니다. 첫째, 그것은 내면의 주관적인 통합의 과정이며 둘째, 첫째와 마찬가지로 없어서는 안 될 객관적 관계의 과정입니다. 객관적 관계의 바탕에서 주관적인 통합을 이루는 것이지요. 이 둘은 때에 따라서 상호간 우열이 작용하기는 하지만 서로 없어서는 존재할 수가 없는 것입니다.

이와 같은 개성화 또는 자기실현은 인격의 성숙 같은 것과는 다른 개념입니다. 개성화는 개인적 심리를 극복하여 도덕적으로 완전한 사람이 되려는 인간의 성숙 같은 것이 아닙니다. 개성화의 목표는 자신의 개성과 친숙해지는 것입니다. 그래서 개성화 과정은 개인의 독특한 심리적 현실을 보다 점차적으로 인식하는 것입니다

(CW 6, 758). 개성화 과정의 목표는 결코 모범 시민이나 도덕군자, 세계의 구원자 혹은 원만한 사람의 상이 아닙니다. 그러한 상들은 다시금 집단에 의해 만들어진 가상(假像)으로서 자신의 페르조나에 불과합니다. 자기실현은 바로 그러한 집단적 인간이 되지 않기 위한 작업이지요(이부영, 2002: 95). 개성화는 자기 인식의 과정입니다. 인간의 정신구조는 의식과 무의식의 구조로 되어 있기 때문에 자기실현은 의식과 무의식이 통합되는 과정이며 균형을 이루려는 작업입니다.

그러므로 개성화의 구체적 방법은 무의식의 의식화입니다. 이 작업은 무의식의 내용을 의식으로 동화시키는, 즉 무의식의 의식화 작업을 통하여 의식의 확대를 시도하는 일입니다. 그런데 무의식이 주로 꿈이나 환상으로 제시되고 그 의미가 꿈과 환상의 상징을 통하여 드러나는 것입니다. 그렇게 해서 의식의 시야를 넓혀 가면 좁은 의식의 중심이 점차 전체 정신의 중심으로 가까이 가게 되는 것이지요. 무의식의 의식화 과정의 첫 번째 단계는 무엇보다도 그림자를 인식하는 작업입니다. 실제로 꼭 그런 순서대로 의식화되는 것은 아니지만 대개 처음 부딪히는 문제는 그림자의 의식화이고 그 뒤에 아니마와 아니무스의 의식화가 진행되며 이를 통해 자기와의 대면이 이루어집니다(이부영, 2002: 124).

베드로의 삶을 전체적으로 넓게 보면 무의식의 의식화 과정입니다. 베드로의 좁은 의식의 영역이 점차적으로 무의식의 정신활동으로 의식화되면서 전체 정신의 중심인 자기로 가까이 가는 것을 지향하고 있습니다. 베드로의 삶에서 대극의 갈등 구조에서 우리는 의식과 무의식이 충돌하고 그 결과로 통합되는 과정을 보았습니다.

베드로의 삶의 고비 고비에 무의식이 분출하고 그것이 의식과 통합되는 자기실현의 과정을 보여주고 있습니다. 예수의 수제자, 사도 베드로라는 그의 외적 인격의 완벽함에도 불구하고 그의 무의식은 의식과는 다른 대극의 갈등과 충돌을 보여준 것입니다. 그런 과정에서 그의 의식은 무의식의 영역으로 확대되고 중간의 균형점으로 보다 가깝게 다가갑니다. 바로 개성화의 과정입니다.

베드로가 예수의 직설적인 예고에도 불구하고 세 번씩이나 예수를 모른다고 부인합니다. 이 부인은 그의 갈릴리 콤플렉스를 인식하는 과정이라고 할 수 있습니다. 예수의 수제자 베드로, 예수를 그리스도라고 고백하는 베드로의 외적 인격인 페르조나와는 달리 그의 정신체계에 있어서 무의식의 심층에 자리 잡고 있는 내적 인격은 그가 갈릴리 출신임을 내세워 전혀 다른 말을 하고 있는 것입니다. 자신의 그림자를 대면하는 과정입니다. 베드로가 대제사장의 집 안에서 그는 갈릴리 콤플렉스와 정면으로 대면하고 있습니다. 그러나 그는 이러한 사실을 의식으로 인식하지는 못합니다. 하녀와 사람들로부터 예수와 한패라는 비난을 받던 베드로는 그가 예수와 한패인 갈릴리 사람이라는 공격에 아주 격렬하게 부인하는 반응을 보입니다. 갈릴리와 예루살렘은 대극의 긴장과 갈등의 관계를 이루고 있습니다. 예루살렘의 심장부라고 할 수 있는 대제사장 집 안에서 베드로의 갈릴리 콤플렉스는 대조적으로 극대화됩니다. 베드로는 닭의 울음소리를 듣고서야 내면 안에 인식하지 못하였던 자신의 그림자를 비로소 인식하게 됩니다. 그래서 그는 몹시 울었습니다. 닭의 울음소리는 베드로의 무의식이 의식화되는 신호이며 전령과 같은 것입니다. 이제 베드로는 자신의 무의식의 영역에 머물러 있던 갈릴리 콤플렉스와 대면한 셈입니다. 갈릴리 콤플렉스 이는 융이 개인의 발달에서 말하는 베드로의 습작품입니다. 의식과 무의식이 통합되어 균형을 이루는 개성화 과정의 습작품 단계일 뿐입니다. 베드로는 예수를 부인하고 닭 울음소리에 울음을 터뜨린 후에도 여전히 그 상황을 털고 일어나지 못하고 있습니다. 그래서 그는 예수의 십자가 처형 현장에서 예수를 버리고 지하로 숨어들었습니다.

베드로는 디베랴 바닷가에서 부활한 예수와 다시 만나게 됩니다. 여기서 예수는 탁월한 치료자의 모습을 보여주고 있습니다. 갈릴리 콤플렉스와 예루살렘의 그림자 콤플렉스의 부정적 감정에 여전히 압도당해 있는 베드로를 예수는 똑같은 질문을 세 번이나 반복하면서 목양의 당부를 합니다. 예수는 베드로를 자신의 그림자와 직면하게 합니다. 동시에 예수는 목양의 당부를 통하여 그 자신의 빛을 보여줍니다. 부활하신 예수 자신이 바로 베드로에게는 빛입니다. 예수는 이 과정에서 베드로의 그림자를 의식의 영역으로 통합합니다. 융은 누구든지 자신의 그림자와 빛을 동시에 인식하는 사람은 자신의 대극을 두 측면에서 보게 되고 따라서 대극의 중간 균형 지점에 위치하게 된다고 설명합니다(CW 10, 872).

예수의 부활 이후에도 갈릴리 어부로 되돌아갔던 베드로는 디베라 만남 후 예루살렘으로 올라갑니다. 이전 예수와 함께 두려운 마음으로 예루살렘을 향하여 올라갔던 때와는 전혀 다릅니다. 예루살렘은 그에게 더 이상 공포와 두려움의 대상이 아닙니다. 그의 예루살렘 행은 폭압정치의 심장부 예루살렘이라는 부정적 원형인 대극의 한쪽 끝 지점에서 신의 도성 새 예루살렘이라는 대극의 다른 쪽의 끝 지점으로 향한 장정(長征)의 시작입니다. 이제 베드로에게는 갈릴리와 예루살렘의 빛과 그림자, 두 대극이 합일을 이루는 무의식이 의식화되는 자기실현의 과정을 의미합니다. 예루살렘은 베드로에게 더 이상 부정적이며 파괴적 원형이 아닙니다. 그것은 창조적 아니마의 원형입니다. 이것은 마치 남성이 내면의 영혼인 여성을 만나는 과정과도 같습니다. 예루살렘이라는 창조적 아니마가 베드로의 무의식의 세계에서 발현되어 의식의 세계에서 자리를 잡게 된 것입니다. 그리고 이를 통해 자기와의 균형에 한발 더 가까이 가게 된 것이라 할 수 있습니다. 이를 웅변적으로 뒷받침해 주는 것이 베드로가 오순절의 성령 대폭발 운동의 주도자로서 그 무대가 예루살렘이었다는 사실입니다.

융은 개성화 과정을 초월적 기능으로 설명합니다. 무의식의 문제를 다루는 것이 참으로 어려운 일이며 고통이 뒤따른다고 말하지요. 그래서 그는 그 작업을 초월적 기능이라고 명명했습니다. 그것은 융에 의하면 현실적이면서 상상적이며, 이성적이면서 비이성적인 것에 기반을 두고 있습니다. 또한 의식과 무의식의 바다에서 만(灣)과 같은 갭을 연결하는 작업이기도 합니다. 그것은 자연적인 과정이며 대극의 긴장에서 분출되는 에너지의 현현(顯現)입니다. 초월적 기능은 일련의 환상의 나타남으로 이루어지며 자연스럽게 꿈과 환상으로 나타납니다(CW 7, 721). 융은 초월적 기능의 개념을 개성화와 관련지어 다음과 같이 설명하고 있습니다.

초월적 기능은 목적과 목표 없이 이루어지지 않으며 인간의 본질을 나타내 보이는 데로 인도한다. 그것은 무엇보다도 순전히 자연스러운 과정이며 그렇기 때문에 때에 따라서는 당사자 개인이 알지 못하는 사이에 이루어지기도 한다. 때로는 대극의 직면에서 강제적으로 수행하기도 한다. 이 과정의 의미와 목적은 어느 관점에서 보더라도 개성의 실현(the realization of the personality)이다. 개성은 원래부터 태아의 생식세포의 원형질 안에 숨겨져 있었던 것이며 그것은 각 개인의 독창적인 잠재적 완전성을 드러내는 것이다. 이런 목적을 위하여 무의식이 사용한 상징들은 인류가 항상 전일성과 완전성, 완벽성을 표현하기 위해 사용한 것과 동일하다. 그것들은 네 짝이나 원의 상징 등이다. 이런 이유로 나는 이것을 개성화 과정(the process of individuation)이라고 부른다(CW 7, 186).

베드로의 환상은 융이 설명한 바와 같이 무의식의 초월적 기능의 좋은 예입니다. 베드로 환상의 내용은 현실적인 문제이지만 그 이미지는 상상적인 것입니다. 환상의 모티브는 이성적인 것이지만 이미지는 비이성적입니다. 그리고 베드로 외면의 인격, 페르조나 다른 말로 표현하면 그의 의식의 삶과 그의 내면의 인격, 즉 아니마 원형 간에는 좁힐 수 없는 바다의 만(灣)과 같은 커다란 갭이 존재하고 있음을 우리는 위에서 살펴보았습니다. 그런 갭, 그의 의식과 무의식의 간격, 두 대극의 거리를 좁혀서 연결하는 작업을 베드로의 환상이 보여주고 있는 것입니다. 이 작업은 의식의 작업이 아니며 인위적이거나 조작과는 거리가 먼 작업입니다. 오히려 그것은 융이 설명한 바와 같이 자연적인 과정이며 대극의 긴장에서 분출되는 에너지의 자율적인 현현이라고 할 수 있습니다. 베드로의 아니마인 예루살렘이 의식화되는 것은 무의식의 자율적인 조정이며 통합의 기능을 보여주고 있습니다. 이와 같은 자연적이며 자율적인 초월적 기능이 베드로에게 환상으로 나타난 것이라고 할 수 있습니다.

베드로의 의식은 다른 말로 표현하면 사도 베드로의 외면적 인

격인 페르조나는 이방인에 대한 베드로의 수용적인 태도를 보여줍
니다. 예수의 복음 운동은 이방인에 대한 배타적 차별과 정면으로
대항하는 것이었습니다. 베드로는 적어도 그의 의식으로는 이방인
에 대한 적대감을 드러내 보이지 않아 왔습니다. 오히려 그는 욥
바라는 이방인 문화가 강한 항구도시에서 무두장이 집에 머물고
무두장이와 친교를 나누었을 만큼 이방인과 이방 문화에 대하여
열린 자세를 보여주었습니다. 그것이 사도 베드로에게 합당한 페르
조나의 모습이라고 할 수 있지요. 그러나 그의 무의식은 그의 페
르조나 이면에 존재하는 전혀 다른 완고함을 지적하고 있습니다.
그것은 정결법과 이방인과 관련된 유대의 집단의식에서 비롯된 터
부의 두려움과 죽음의 공포입니다. 그와 같은 두려움과 죽음의 공
포는 그의 페르조나, 즉 그의 외적 인격으로는 극복할 수 없는 문
제였습니다. 그래서 사도 베드로가 잡아먹으라는 주님의 명령을 완
강하게 타협의 여지없이 정면으로 거부하고 있는 것입니다. 사도
베드로의 외적 인격으로도 절대 수용할 수 없을 정도로 매우 강력
한 거부입니다. 그것은 그가 인식할 수 없는 무의식의 힘입니다.
그리고 그것은 그의 내면에 자리 잡고 있어서 베드로는 이를 인식
하지도 못했습니다. 이제 환상을 통하여 유대 사람 베드로의 무의
식의 소리가 의식의 영역으로 넘어오게 되었습니다. 베드로는 자신
의 무의식의 소리를 듣게 된 것입니다. 자신의 무의식의 소리를
듣는다고 그것을 의식할 수 있다는 의미는 아닙니다. 그것은 무의
식의 활동, 즉 무의식이 의식화되는 것이며, 이방인에 대한 빛과
그림자가 전체성 안에서 통합되는 과정입니다. 환상 이후 베드로의
행적을 보면 이방인에 대한 터부의 두려움과 공포가 환상이라는

무의식으로 활성화되어 의식의 결핍을 무의식의 자율적인 보상작
용으로 극복하고 있음을 볼 수 있습니다. 또한 무의식이 의식과
통합되는 과정과 두 대극이 합일되어 가는 과정을 보여주고 있습
니다. 이것이 융이 말하는 자기실현의 과정이라고 할 수 있습니다.
사도 베드로가 자신의 부정적 페르조나를 긍정적인 것으로 변형하
는 과정이다. 이후 베드로는 무의식의 자기 소리에 귀를 기울이고
무의식의 인도함에 따르게 됩니다.

제8장

결 론

　종교와 심리학에 대하여 말하는 것은 어려운 문제입니다. 어려우면서도 대단히 민감합니다. 자칫 오해와 논쟁을 불러일으키기 쉽습니다. 기본적으로 종교는 초월자에 대한 관심이며 심리학은 인간에 대한 탐구로 시작됩니다. 초월자이신 하나님은 하늘에 계시고 (시 115:16) 사람은 땅에서 살고 있습니다. 하늘과 지상의 간격만큼이나 종교와 심리학은 한 점에서 만나기가 멀어 보입니다. 도저히 맞닿을 수 없는 거리로 느껴집니다.

　이 책은 심리학에 관한 것이 아님을 분명히 하고자 합니다.

　그러나 종교와 심리학에는 한 가지 공통점이 있습니다. 그것은 모두 은유적일 수밖에 없다는 점입니다. 절대적 타자(the wholly other)이신 하나님을 우리가 이해하는 것은 불가능한 일입니다. 또한 우리 자신도 알 수 없는 심혼의 내면의 세계를 이해하는 것 역시 불가능합니다. 초월적인 하나님에 대해서, 또 우리가 의식할 수 없는 무의식에 대하여 제한된 우리 인간의 인식의 한계로서는 기

술할 수 없기 때문입니다. 인식의 한계뿐만 아니라 우리가 인식한
내용을 담아내는 언어 역시 한계를 갖고 있습니다. 그래서 우리는
종교적 경험과 심리학의 무의식에 관해 말할 때에는 필연적으로
은유적일 수밖에 없습니다. 어떻게 보면 우리는 기술할 수 없는
것을 기술해야 하기 때문일지도 모르겠습니다. 따라서 우리는 메타
포를 메타포로 이해하여야 합니다. 이를 축자적으로 혹은 도그마의
진리로 무조건 받아들이는 일은 매우 위험한 일이 아닐 수 없습니
다. 인간이 사용하는 이미지나 말은 심리적 과정이며 초월적인 객
체와는 다르기 때문입니다.

융은 평생 동안 종교적 경험에 대하여 큰 관심을 유지했습니다.
그래서 그는 동양의 종교를 연구하였고 동양의 도와 음양의 이원론
에 깊은 관심을 보였습니다. 그는 서양의 연금술을 비정통적인 종교
적·심리학적 시술로 이해하였고 특히 서구 교회 전통인 변형의식
(變形儀式)을 탐구했습니다. 융은 종교심리학을 공부하는 것은 하나
님의 존재를 부정하거나 긍정하기 위한 것이 아니라고 주장합니다
(CW 18, 1688). 그는 자신의 연구를 하나님의 존재를 증명하기 위
한 것으로 받아들인다면 그것은 후회할 만한 오류가 될 것이라고
분명히 경고합니다. 그의 분석심리학은 자기(自己)의 상징으로서 원
형적인 하나님의 이미지(an archetypal God-image)의 존재만을 증명
합니다. 융에 의하면 원형적인 하나님의 이미지가 하나님에 대하여
심리학적으로 확언할 수 있는 최선입니다. 그리고 그것은 만다라의
상징으로 나타납니다(CW 18, 1495). 분석심리학은 철학적 관념이
아니며 종교의 문제를 다루는 것 역시 아닙니다. 융은 이것을 분명
히 하고 있습니다. 그에 의하면 분석심리학은 인간의 심리경험과 임

상을 바탕으로 자연과학적 방법론을 적용한 자연과학입니다. 따라서 융은 그의 심리학에서 하나님, 예수 그리스도 등 기독교에 관해서 깊은 관심을 보였으나 그것은 분석심리학의 관점에서 인간의 무의식과 연결시킨 것이었을 뿐이며 신학적인 사변이나 주장을 펴기 위한 것과는 거리가 멀었습니다. 그래서 그는 우리의 정신체계의 전체성의 상징으로서의 자기를 하나님과 동일시한다거나 혹은 그 자리에 놓는 것을 말하려고 하지 않았습니다. 그래서 융은 하나님을 자기의 반영(reflection of the Self)이라고 보지 않았습니다. 융은 반복적으로 하나님이 초월적인 실체임을 확실히 하였으며 하나님에 대한 진리의 주장이 심리학의 개념 범위 밖에 있다고 주장하였습니다. 그렇게 함으로써 그는 심리학과 신학의 경계를 분명히 하였습니다. 따라서 심리학을 하나님의 존재 증명으로 사용할 수 없으며 종교적인 문제는 개인적인 경험과 믿음의 문제라고 주장하였습니다.

우리는 지금까지 분석심리학의 정신구조에서 성서에 기록된 베드로의 삶을 환상을 중심으로 살펴보았습니다. 의식과 무의식의 대극이 서로 충돌하면서 무의식이 의식의 영역으로 통합되는 과정을 발견할 수 있었습니다. 우리는 여기에서 예수의 수제자 베드로, 원시 교회 공동체를 절대적 카리스마로 이끌어 나가던 사도 베드로의 강하고 당당한 모습보다는 우리와 크게 다를 것이 없는 한 인간의 모습과 만나게 됩니다. 베드로에게서 제자와 사도라는 외면적 인격체인 페르조나를 벗기고 보면 그의 무의식의 인격체와 만나게 됩니다. 그것은 우리와 똑같은 모습이었습니다. 두려워하고, 도망가고, 숨어 버리고, 부인합니다. 자신의 삶과 배경, 사회적 환경에 대한 콤플렉스도 유형만 다를 뿐 기본적인 구조는 우리의 모습과 크게 다르지 않아 보입니다.

융이 말하는 개성화 과정은 부정적인 페르조나의 가면을 벗어 버리고 원형적이며 원초적인 이미지로 들어가는 과정입니다. 개성화는 인격적으로 도덕적으로 완벽하게 되어서 자신의 결점을 극복하는 것이 아니라 오히려 그것과 친숙해지는 과정이라고 할 수 있습니다. 왜냐하면 개성화는 대립의 과정이 아니라 합일의 통합 과정이기 때문입니다.

그러나 베드로는 무의식이 의식화되는 과정에서 자신의 외적 인격인 페르조나를 초월하여 내면의 소리에 귀를 기울입니다. 자신의 그림자와 대면하고 원형적 아니마가 베드로의 내면에서 활성화됩니다. 이런 과정이 바로 베드로의 개성화이며 자기실현의 과정입니다. 아니마와 아니무스는 각기 4단계의 발전단계를 갖고 있다고 융은 설명하고 있습니다. 본능적이고 생물학적인 여성상인 이브(Eve)상 - 낭만적이고 미적 수준의 아니마의 인격화로 아직 성적인 특징을 갖고 있는 파우스트의 헬렌(Helen) - 영적 헌신으로 지양된 에로스인 성모 마리아상 - 가장 순수한 지혜, 연금술의 사피엔티아(Sapientia)로 단계로 표현됩니다. 지금까지 살펴본 바와 같이 베드로의 삶 전체를 보면 아니마가 단계별로 활성화되는 과정을 읽을 수 있습니다. 그 과정에 환상을 통해 나타난 창조적 아니마는 의식화되어 두 대극의 합일을 이루어 나갑니다.

신약성서의 위경의 하나로 4세기 이후에 기록된 것으로 추정되는 '베드로와 바울 행전(The Acts of Peter and Paul)'의 기록에 의하면 베드로는 바울과 함께 로마에서 체포되었습니다. 바울은 참수형을 당하고 베드로는 십자가형에 처해집니다. 이때 베드로는 자원하여 십자가에 거꾸로 매달려 처형됩니다. 베드로의 십자가 처형이 지상에서의 그의 육체적 삶의 결말이 되었듯이 그의 내면의 정신세계는 대극의 합일을 이룬 것이라고 할 수 있습니다.

베드로가 이러한 개성화의 과정을 통해 대극의 합일을 이루어 나간다고 해서 완전하게 자기실현을 이루는 것이라고 말할 수는 없습니다. 융에 의하면 어느 누구도 완전하게 개성화될 수는 없습니다. 개성화의 목표가 흠이 없는 완전함이고 건강하게 작동하는 자기와의 관계이지만 개성화의 참된 가치는 그 과정에서 일어나는 것에 있습니다. 개성화의 목표는 하나의 관념으로서만 중요할 뿐이며 본질적인 것은 목표에 이르는 작품이라는 것입니다(CW 16, 400). 융은 완벽하고 완전하며 최종적인 자기실현을 인간은 이룰 수 없다고 주장합니다. 그것은 아마도 신의 영역일지도 모르겠습니다.

그리고 인간의 자기실현에는 질적인 차이나 우월이 존재하지 않습니다. 질적인 차이라는 자체가 자기실현과 배치되는 개념입니다. 위대하고 유명한 성현들만이 자기실현의 길을 가는 것은 아니라는 것이지요. 개성화 과정은 자기를 통합하는 과정이며, 그것은 인간이 태어날 때부터 원래적으로 태아의 생식세포의 원형질 안에 숨겨져 있었던 각 개인의 독창적인 잠재적 완전성을 드러내는 과정이기 때문에 자기실현은 누구에게나 주어진 명제입니다. 여기에 질적인 우열의 서열은 있을 수가 없습니다. 그래서 우리는 희망을 갖게 됩니다. 우리와는 너무 다른 까마득한 성인으로 이해하였던 베드로의 모습이 우리에게 보다 친숙하게 느껴집니다. 예수의 수제자 베드로, 사도 베드로의 개성화 과정은 오늘날 우리 모두에게 주어진 과정이며 동시에 희망이기 때문입니다.

참고문헌

사 전

Anchor Bible Dictionary(AB). Freedman, David N. ed. Doubleday. 1992. Vols. 1 – 6.

The Illustrated Bible Dictionary(IBD). Suffolk: Inter – Varsity Press, 1994. Vols. 1 – 3.

Exegetical Dictionary of the New Testament. Balz, Horst ed. Grand Rapids: William B. Eerdmans Publishing Company, 1980. Vols. 1 – 3.

Theological Dictionary of the New Testament. Kittel, G. ed. Grand Rapids: William B. Eerdmans Publishing Company, 1964. Vols. 1 – 10.

Theological Dictionary of the Old Testament. Ringgren H. ed. Grand Rapids: William B. Eerdmans Publishing Company, 1974. Vols. 1 – 6.

1. 국내 문헌

김달수, 『신약신학과 묵시문학』, 서울: 나눔사, 1994.

박종수, 『성서와 정신건강』, 안성: 한울신학연구소, 2004.

박종수, 『이스라엘 종교와 제사장 신탁』, 서울: 한들. 1997.

안병무, 『갈릴래아의 예수, 예수의 민중운동』, 서울: 한국신학연구소. 1998.

안병무, 『역사와 해석』, 서울: 대한기독교출판사, 1996.

왕대일, 『묵시문학 연구』, 서울: 대한기독교서회, 1994.

이부영, 『분석심리학』, 서울: 일조각, 2006.

이부영, 『자기와 자기실현』, 서울: 한길사, 2002.

이현, 『성서와 민담, 우리 민족의 이야기 신학』, 서울: 생활성서사, 1991.

2. 번역서

Betz, Hans Dieter / 한국신학연구소 번역실, 『갈라디아서』, 서울: 한국신학연구소, 1987.

Boa, Fraser / 박현순 이창인 역, 『융학파의 꿈 해석』, 서울: 학지사, 2004.

Dolto, Françoise / 김성민 역, 『인간의 욕망과 기독교 복음』, 한국심리치료연구소, 2000.

Freud, Siegmund / 김현조 역, 『토템과 터부』, 서울: 경진사, 1993.

Freud, Siegmund / 김종엽 역, 『Totem and Taboo』, 서울: 문예마당, 1995.

Freud, Siegmund / 서석연 역, 『Vorlesungen zur Einführung in die Psychoanalyse』, 서울: 범우사, 2000.

Fromm, Erich / 이경식 역, 『The Forgotten Language, 서울: 현대사상사, 1976.

Gnilka, Joachim / 한국신학연구소 번역실, 『마르코 복음』, 천안 병천: 한국신학연구소, 1988.

Kraft, Hartmut / 김정민 역, 『터부, 사람이 해서는 안 될 거의 모든 것』, 서울: 열대림, 2004.

Jeremias, Joachim / 한국신학연구소 번역실, 『예수시대의 예루살렘』, 천안 병천: 한국신학 연구소, 1998.

Johnson, Pau / 김주한 역, 『기독교의 역사: 2000년 동안의 정신』, 살림출판사, 2005.

Jung, Emma / 박해순 역, 『아니무스와 아니마』, 문경서신, 1995.

Jung, Carl / 설영환 역, 『무의식 분석』, 선영사, 1986.

Jung, Carl / 융 저작 번역위원회 역, 『꿈에 나타난 개성화 과정의 상징』, 2002.

Jung, Carl / 융 저작 번역위원회 역, 『원형과 무의식』, 2002.

Jung, Carl / 융 저작 번역위원회 역, 『인격과 전이』, 2002.

Jung, Carl, G, C. S. Hall, & J. Jacobi / 설영환 역, 『융 심리학 해설』, 선영사, 1986.

Kraft, Hartmut / 김정민 역, 『Tabu:Magie und Soziale Wirklichkeit』, 서울: 열대림, 2005.

Lenski, R. C. H / 배영철 역, 『The Interpretation of Acts of the Apostles』, 서울: 백합출판사, 1974.

Marshall, I. Howard / 강요섭 역, 『The Gospel of Luke on the Greek Text』, 한국신학연구소, 1996.

Sanford, John / 정태기 역, 『꿈 – 하나님의 잊혀진 언어』, 서울: 대한기독교서회, 1988.

Schweitzer, Eudard / 한국신학연구소 번역실, 『마태오복음』, 한국신학연구소, 1994.

3. 국외 문헌

Freedman, David (ed.). *The Anchor Bible Dictionary*. Doubleday, 1992.

Arrington, French L. *The Acts of the Apostles: an introduction and commentary*. Peabody, Mass.: Hendrickson, 1988.

Bauckham, Richard (ed.). *The Book of Acts in Its Palestinian Setting*. Grand Rapids: William B. Eerdmans Pub. Co., 1995.

Beck, James. *The Psychology of Paul*. Kregel Publications, 2002.

Beale, C. K. *The Book of Revelation*. Carlisle: The Paternoster Press, 1999.

Black, C. *The Disciples according to Mark: Markan Redaction in Current Debate*. JSOT Press, 1989.

Pruyser, W. Paul. *The Play of the Imagination: Toward a Psychoanalysis of Culture*. New York: International Universities Press, Inc., 1983.

Conzelmann, Hans. *A Commentary on the Acts of the Apostles*. Philadelphia: Fortress Press, 1987.

Covitz, Joel. *Visions in the Night*. Toronto: Inner City Books, 2000.

Cullmann, Oscar. *Peter, Disciple – Apostle – Martyr: A Historical & Theological Study*. Philadelphia: The Westminster Press, 1952.

Cully M. Martin, Parsons C. Mikeal. *Acts: A Handbook on the Greek Text*. Waco: Baylor University Press, 2003.

Divelius, Martin. *"The Conversion of Cornelius"*, K. C. Hanson, ed. *The Book of Acts*. Minneapolis: Fortress Press, 2004.

Douglas, Mary. *Purity and Danger: An Analysis of the Concepts of Pollution and Taboo*. London: Routledge, 1991.

Jung, Carl Gustav. *The Collected Works of C. G. Jung*. London: Routledge. Volumes 1 – 20. 1989.

Haenchen, Ernst. *The Acts of the Apostle: A Commentary*. Bernard Noble and Gerald Shinn, tr. Philadelphia: The Westminster Press, 1971.

Hall, James. *Jungian Dream Interpretation*. Toronto: Inner City Books, 1983.

Handy, David. *The Gentile Pentecost: A Literary Study of the Story of Peter and Cornelius (Acts 10:1 ~11:18)*. Thesis (Ph.D.): Union Theological Seminary and Presbyterian School of Christian Education, 1998.

Houston, Walter. *Purity and Monotheism: Clean and Unclean Animals in Biblical Law*. Sheffield: JSOT, 1993.

Jacobs, Michael. *Living Illusions: A Psychology of Belief*. London: SPCK, 1993.

Jung, Carl G. *Collected Works of C. G. Jung*(CW). Vols. 1 – 20.

Kittel, Gerhard (ed.). *Theological Dictionary of the New Testament*. Eerdmans Publishing Co., 1976.

Longenecker, Richard N. *World Biblical Commentary: Galatians. Dallas:* World Books, 1990.

McGann, Diarmuid. *The Journeying Self*. Paulist Press, 1985.

Menzies, Robert. *The Development of Early Christian Pneumatology with special reference to Luke – Acts*. JSOT Press, 1991.

Munck, Johannes. *The Acts of Apostles*. New York: Doubleday & Company, Inc., 1967.

Neusner, Jacob. *Purity in Rabbinic Judaism: A Systematic Account*. Atlanta: Scholar Press, 1994.

Newman M. Barclay, Nida A. Eugene. *A Translator's Handbook on the Acts of the Apostles*. United Bible Societies, 1972.

Penner, Todd and Caroline V. Stichele (ed.). *Contextualizing Acts: Lukan Narrative and Greco – Roman Discourse*. Atlanta: Society of Biblical

Literature, 2003.

Perkins, Pheme. *Peter: Apostle for the Whole Church.* Columbia: University of South Carolina Press, 1994.

Plummer, Plummer. *A Critical and Exegetical Commentary on the Gospel According to S. Luke.* Edinburgh: T. & T. Clark, 1981.

Quast, Kevin. *Peter and the Beloved Disciple: Figures for a Community in Crisis.* JSOT, 1989.

Soards, L. Marion. *The Speeches in Acts: Their Content, Context, and Concerns.* Louisville: Westminster/John Knox Press, 1994.

Strelan, Rick. *Strange Acts.* New York: Walter de Gruyter, 2004.

Slusser, Gerald. *From Jung to Jesus: Myth and Consciousness in the New Testament.* Atlanta: J. Knox Press, 1986.

Talbert, Charles H. *Reading Acts: A Literary and Theological Commentary on the Acts of the Apostles.* New York: The Crossroad Publishing Company, 1997.

Taylor, Nicholas. *Paul, Antioch and Jerusalem: A Study in Relationships and Authority in Earliest Christianity.* JSOT Press, 1989.

de Vaux, Roland. *Ancient Israel: its Life and Institutions.* Eerdmans Publishing Co., 1997.

Weaver, Dorothy. *Matthew's Missionary Discourse: A Literary Critical Analysis.* JSOT Press, 1990.

Weaver, Rix. *The Old Wise Woman: A Study of Active Imagination.* New York: G. P. Putnams's Sons, 1973.

Winterhalter, Robert & George Fisk. *Jesus Parables: Finding our God within.* New York: Paulist Press, 1993.

Weiss, J. *Earliest Christianity: A History of the Period A.D. 30~150.* tr. F. Grant. Harper & Row, 1965.

Witherington Ⅲ, Ben. *The Acts of the Apostles. A Socio—Rhetorical Commentary.* Carlisle: The Paternoster Press, 1998.

Wright, George E. & Floyd V. Filson, ed. *The Westminster Historical Atlas to the Bible.* Philadelphia: The Westminster Press, 1946.

4. Web 자료

The Acts of Peter and Paul: www.newadvent.org/fathers/0815.htm
First Epistle of Clement: www.earlychristianwritings.com/text
/1clement — lightfoot.html
The Acts of Peter.: www.earlychristianwritings.comactspeter.html

김신형 ───

▋약력

1973년 서울대학교 문리과대학 독문과를 졸업하였다. 이후 외환은행에 들어가 25년
을 일했다. 1999년 나이 쉰이 넘어서 강남대학교 대학원에 입학하여 신약학 전공으
로 석사와 박사 학위를 취득하였다.

2006년 목사 안수를 받았다. 지금은 우리사회의 희망을 만들어 가는 희망제작소에서
전문위원으로 일하고 있다. 강남대학교에 출강하여 "기독교와 현대사회"를 강의하고
있다.

당신의 속마음을 보여주세요

초판인쇄 | 2009년 5월 30일
초판발행 | 2009년 5월 30일

지은이 | 김신형
펴낸이 | 채종준
펴낸곳 | 한국학술정보㈜
주 소 | 경기도 파주시 교하읍 문발리 파주출판문화정보산업단지 513-5
전 화 | 031) 908-3181(대표)
팩 스 | 031) 908-3189
홈페이지 | http://www.kstudy.com
E-mail | 출판사업부 publish@kstudy.com

등 록 | 제일산-115호(2000. 6. 19)
가 격 | 15,000원

ISBN   978-89-268-0025-6 93230 (Paper Book)
        978-89-268-0026-3 98230 (e-Book)

은 시대와 시대의 지식을 이어 갑니다.